プロ野球は、審判が9割

マスク越しに見た伝説の攻防

井野 修

GENTOSHA

まえがき

ロン毛、Gパン、ブーツ。場違いの格好で受験

私は１９７６年からプロ野球審判員の世界に飛び込み、審判員歴34年、ペナントレース通算２９０２試合をジャッジしました。途中、セ・リーグ審判部長、ＮＰＢ審判長を仰せつかりました。その後、日本野球規則委員を務めましたが、読者の皆さんには「公認野球規則の編纂《へんさん》に携わった」と言うほうが、分かりやすいかもしれません。

私は群馬・前橋高校時代、硬式野球部に所属していました。神奈川大学時代は軟式野球部に2年生春に入部し、3年生の夏に退部。

大学卒業後は田舎の群馬で会社員になろうと考えていたのですが、ブラブラしていた75年12月、『週刊ベースボール』誌上で「セ・リーグ審判員8年ぶり一般公募」の

記事をページの片隅に見つけたのです。それまで練習試合の審判すら、ろくにやったことはありませんでしたが……。

「中学、高校、大学と8年間やってきた野球のルールをどのくらい理解できているのかな」

セ・リーグの審判員試験（ルール、小論文、実技、面接）を興味本位で受験したのです。


「ルール試験、小論文が終わりました。次は実技試験です。皆さん、着替えてください」

ライバルは皆、黒や紺の自慢の審判服に着替えました。アウトサイドプロテクターを膨らませ、球審用マスクを左手に持ち、球場グラウンドに元気よく飛び出して行ったのです。当時の巨人の本拠地・後楽園球場は76年シーズンからの日本初の全面人工芝の敷設に向け、まさに人工芝を張っている最中でした。

「金具のスパイクはやめてください。アップシューズでお願いします！」

当時は、学生運動が流行った少しあと。音楽グループのガロの『学生街の喫茶店』や、南こうせつとかぐや姫の『神田川』など、フォークソング全盛の時代でした。だから私もご多分に漏れず長髪、今は「ロン毛」と言うのですか？（笑）。冬だったのでとっくりセーターの上にロングコート。Gパン、ブーツで受験したのです。サングラスは掛けていませんでしたが、ジャージさえ準備していませんでした。もちろん、そんな受験者は私だけです。

「貴様、何してるんだっ!?　コートを脱げ！　とっくり脱げーっ！」

寒空に白い肌着、昔はスソが広がったラッパGパンでした。西城秀樹さんがよく穿《は》いていました、と言っても今の人は分からないか。

「何考えてるんだ、Gパンをまくれ！」

ヒザまでまくったら、長いブーツがバレました。結局、白い肌着にGパン、素足で受験。何とも冴えない格好でした。

よくぞ審判員試験に合格したものだ

球審用マスクはグラウンドに置いてあった誰かのものを拝借しました。「ストライク」と右腕を上げたのですが、親指を立てていて怒られました。

「おい、お前。それは俺のマスクじゃないか！　勝手に使いやがって。プロ野球の審判員にとって、球審用マスクは命なんだぞ！」

おまけに審判帽は、ツバを後ろ向きにしてかぶっていました。

ルール試験は○×式の１問５点で20問。１００点満点の65点。満点の受験者はたくさんいたそうです。なぜ受かったのか自分でも摩訶不思議《まかふしぎ》でした。というより、関東地区は80人受験して合格者は私ただ１人。まさに奇跡でした。関西地区50人の受験者では徳島・海南高や大学野球で鳴らした谷博さんが１人だけ合格。のちに大先輩の富澤宏哉審判員に合格の理由を尋ねました。

「若くて、体がデカくて、俊敏なヤツ。この３要素を求めていた」

きっと素足になって走ったのがよかったのでしょう（笑）。

21歳で合格。「審判員と学生の二刀流」。以来47年間、プロ野球審判員、規則委員の仕事に邁進《まいしん》してきました。22年シーズンを最後にNPBを退いて、10年ぶりに会った知人に驚かれました。審判員歴2902試合、球審時の1試合300回（球）の「スクワット」が原因なのでしょうか、知らぬ間に腰が曲がっていたのです。

それでも最高峰のNPBで「ボール、ストライク」「アウト、セーフ」をジャッジできたのは楽しかった。私の場合、たまたま審判員の制度が変わっていく過渡期であって、道が拓《ひら》けていきました。また、いい上司といい仲間に恵まれたのが僥倖《ぎょうこう》でありました。この場をお借りして、お世話になったNPBの皆様方に厚く御礼を申し上げる次第です。

本の題名は、出版社のご要望により『プロ野球は、審判が9割』になりました。そういえば『〇〇が9割』という本をよく見かけます。書籍における言わば〝お決まりのネーミング〟の1つのようですね。

――スポーツの試合は「する、見る、支える」から成立しています。野球をプレーするのは言うまでもなく選手であり、選手と試合をファンの皆様がご覧になってくださいます。試合運営は球団関係者や球場スタッフのご尽力によるものです。そして「プロ野球（の試合進行）は、審判が9割」マネジメントしていきたい、していくべきだという願望をタイトルに込めました。

「偉そうに」と思われた皆様方、何卒ご容赦ご理解くださるよう、お願い申し上げます。

この本における私の語りが「プロ野球における審判員とは何ぞや」をご理解いただき、僭越《せんえつ》ながら今後の日本野球界の発展に、微力ながらもお役に立てれば望外の喜びです。詳細は本編に譲るとしましょう。

プロ野球は、審判が9割　目次

INNING／1

5人の大監督

INNING／2

9人の名投手

INNING／3

スラッガーBEST 5

INNING／4

ポジション別ベストナイン

INNING／5 マスク越しに見た日本シリーズの攻防

INNING／6

伝説の日本シリーズ

INNING／9
野球新時代の「ルールとリクエスト」

選手プロフィール 凡例

● 生年月日、出身都道府県。身長、体重。投打の左右の別

● 出身校〈甲子園出場経験の有無〉→在籍球団(ドラフト会議年)

■ 通算成績(投手)

・現役年数、登板試合、勝利、敗戦、ホールド、セーブ、防御率

・タイトル=最多勝、最優秀防御率、最高勝率、最多奪三振

■ 通算成績(打者)

・現役年数、出場試合、安打、打率、本塁打、打点

・タイトル=首位打者、本塁打王、打点王、最多安打、盗塁王

■ 記者投票=MVP、ベストナイン、ゴールデングラブ賞(72年制定)

■ 主な記録=日本記録、セ・リーグ記録、パ・リーグ記録、メジャーリーグ記録など

〈編集部注〉

・選手の成績、記録は2023年度までのものです

・「公認野球規則」は2024年度のものです

・「公認野球規則」内の文言は、場合により省略している部分がありますので、ご了承ください

・年度は基本的に西暦を用いています

装幀　南剛＋中村美喜子（中曽根デザイン）
DTP　美創
取材・構成　飯尾哲司

INNING

1

5人の大監督

1

「好々爺《こうこうや》」関根監督の威厳

まだ私が「21歳の学生プロ審判員」の立場で、プロ野球デビューをした試合です。１９７６年２軍の教育リーグ、巨人－大洋（現・ＤｅＮＡ）戦で、両チーム監督へあいさつにうかがいました。

巨人の2軍監督は関根潤三さん（編集部注／投手として通算65勝、打者として通算１１３７安打。長嶋茂雄監督下のヘッドコーチ、横浜大洋監督、ヤクルト監督を歴任。03年野球殿堂入り）でした。

「今年から審判員になりました井野です。以後、お見知りおきのほど、よろしくお願いします」

巨人の攻撃、走者二塁でレフト前ヒット。二塁走者・庄司智久選手が三塁を蹴って本塁に突入しましたが、レフトからの返球でタッグ（タッチ）アウトになりました。接触こそありませんでしたが、三塁手が走路をふさいだオブストラクション（走塁妨害）がありました。しかし、三塁塁審の私は声もジェスチャーも出ませんでした。ルールを適用できなかったのです。すかさず、一塁ダグアウトから関根監督が駆け寄ってきました。

「いーの君、ど～うしたの？」

2、3秒の沈黙がありましたが、私には10秒くらいの長い時間に感じられました。

「それじゃ、ダメだよ～」

そう言うや、関根監督は「回れ右」をして立ち去って行ったのです。

「おい井野、下手クソ、どこ見てんだ、早く辞めちまえ！」

そんなふうに言われても仕方ない場面でした。そうであれば、ルール通り「暴言退場です！」と言っていたかもしれません。「こんな世界にいられるか、ああ辞めてやるさ」と、早まって言い放ったかもしれません。しかし、当時49歳の関根監督は、大人の対応をしてくれたのです。

改めて2軍でルールを学び、技術を磨き、それから数年後、私は1軍の試合をジャッジできるようになりました。

今度は1軍でのヤクルト－横浜大洋戦。横浜大洋の打者・高木嘉一選手、ヤクルトの捕手・八重樫幸雄選手。打者が見送った内角球を私は「ストライク！」とコールしました。

「えっ、ボールやろ。なあ、八重樫」

「球審がストライクと言ったらストライクでしょ（笑）」

（しまった。少し広かった……）

次の投球が同じところに来たので、今度はしっかり「ボール」とコールしました。

「えっ、さっきと同じ球。ストライクだよ、井野さん」

「何言ってんの、八重樫。球審がボールと言ったら、ボールやろ（笑）」

続く3球目を高木選手は3ラン本塁打にしました。「野球の1球の怖さ」です。私は「関根監督の教え」に続き、「自分の信念通りにジャッジしないと悔いを残す」ことをこの打席から学び、さらに経験を積んでいきました。

20年後、私がハワイ旅行をしたとき、関根さんに遭遇しました。ピンクのアロハシャツと白いパンツ姿。ダンディでしたね。

「関根監督、曲がりなりにも私もハワイ旅行をできる身分になりました。その節は関根監督のあの優しい抗議のおかげで勉強、精進できました」

「なあに、それ（笑）」

カッコいい方でした。好々爺然としたソフトな語り口調の野球解説者時代をご存じの方も多いでしょう。ときに優しく、ときに厳しく。多くの選手を育成し、野球殿堂入りも果たしました。2軍戦は選手はもちろん、審判員の育成の場でもあります。審判員も育ててくれていたのです。

2-1 落合いわく「俺は絶対早く1軍に行く！」

かつて大洋の2軍が使用していた川崎市等々力「大洋多摩川球場」。当時、2軍戦とはいえ、プロが公式戦で使うには少々寂しさを否めない球場でした。

私は76年にプロデビューしましたが、落合博満選手（ロッテ）がプロ入りしたのは3年後の79年。初めて会った落合選手は26歳で、私より1歳上でした。

その2軍の試合をジャッジしたのは手沢庄司審判員（32年生まれ、審判員歴通算28年、２３６４試合出場）、佐藤清次審判員（38年生まれ、審判員歴通算27年、１４２９試合出場）のような大ベテランと、私のような新米でした。

ロッテのダグアウトはビジターの三塁側で、落合選手は三塁を守っていました。だから三塁塁審を務めていた、同じくらいの年齢の私に話しかけてきたのでしょう。

「プロ野球がこんなところで試合をするなんて、俺には考えられない。おい井野、俺は絶対早く1軍に行くぞ！」

その志や、大したものです。若い私たちには「通じ合うもの」があったと思います。リーグは違えど、私は落合選手を注目していました。落合選手はプロ1年目5月には1軍初本塁打、2年目に15本塁打、3年目に首位打者のタイトルを獲得したのです。彼の「有言実行」はそのころからだったわけです。

2-2

「影の審判部長」落合監督

落合選手は87年にセ・リーグ（中日）に移籍してきました。キャンプ中、よくブルペンを訪れました。「今のはストライクゾーンいっぱいかい？」。一流打者はエース級投手が投げるときに打席に入り、ストライクゾーンの確認、目慣らしをするものです。落合選手の打棒が中日でものちの巨人でも優勝の原動力になったのは、今さら説明の必要もありません。

そして時は流れ、あの「大洋多摩川球場」から実に四半世紀。私が03年セ・リーグ審判部長に、落合選手が04年中日監督に就任しました。

落合監督は就任1年目から「キャンプ初日の2月1日に紅白戦をやる」方針を打ち出しました。オフは自主的に体を動かしておけということを暗に言っていたわけです。それまでのキャンプでは第3クール（1クール3勤1休か、4勤1休）あたりから紅白戦開始が慣例でした。

審判員もそのあたりから紅白戦に備えてキャンプ地入りしていましたが、中日サイドから要望があったのです。

「前倒しする1週間分の経費を私どもが出しますので、初日からセ・リーグ審判員を派遣してくれませんか」

以来、監督と審判部長として、落合監督とは忌憚《きたん》なく、いろいろ意見を交わしました。

「井野審判部長、このルールはどうなんだ？　それに、野球協約のあの部分は変えなきゃダメだよな」

驚いたのは落合監督が野球協約を読み尽くしていたことです。

「なあ井野、なぜ球審は打者と捕手の間から投球を見ているんだ？　真後ろ、ど真ん中で見なきゃいけないだろう」

「アウトサイドプロテクター（空気を入れて審判服の外で持つ）のときは、本塁ベースの真ん中で構えていた。でも、インサイドプロテクター（審判服の内側に装着）が一般的になってから、打者と捕手の間の位置（スロットポジション）から投球判定するのが基本なんだよ」
「そんなところから見たら、外角、よく分からないだろう」
「大丈夫だ。われわれは何万球も練習している。メジャーでもこれがマストなんだ」

インサイドプロテクターは、審判服の内側に装着するので、アウトサイドプロテクターのように走るとき肩に背負う必要がなく、試合中も身軽に動くことができるのが利点です。しかし、投球やファウルボールに対する防御範囲が上半身と両肩に限定されるので、ケガをする危険性も高いのです。

私は81年にビル・キナモン審判学校で、インサイドプロテクター使用時の「スロットポジション」を学んできました。しかし、実際に日本のプロ野球界で実践していた審判員は数少なく、浸透・定着したのは驚くなかれ30年後なのです。それだけ日本プロ野球審判員の世界は旧態依然としていたのです。

「そうか。でも井野よ、あの若い審判員。捕手から後ろに離れ過ぎじゃねえか？」

「審判員をよく見てますね～。さすが、落合審判部長！」

落合監督も結構その呼び名を気に入っていましたね（笑）。喜んでいろいろと建設的な意見をくれました。

3 権藤監督の「監督を退場にしろ！」発言

横浜（現ＤｅＮＡ）権藤博監督は現役時代、プロ入り（中日）１年目の61年に４２９投球回を記録し35勝、２年目に３６２投球回を投げて30勝を挙げました。「権藤、権藤、雨（中止）、権藤」というフレーズが生まれた伝説の投手です。現在の「シーズン規定投球回」の１４３回を考えれば、天文学的な数字。登板過多で肩を痛めて短命に終わったことから、「投手の肩は消耗品」という考えの持ち主です。

98年に横浜監督に就任した権藤さんから掛けられた言葉は実に衝撃的でした。

「井野君な、退場にしなきゃダメだぞ」

「えっ、どういうことですか？」

「俺は何かあったら抗議に行く。暴力は絶対に振るわない。でも、カッカきて暴言を吐くかもしれない。そのときは遠慮なく退場にしろよ。俺だけじゃなくて、ほかの監督も何かあったら退場にしなきゃダメなんだぞ」

私は何十人という監督に接しましたが、どちらかといえば審判員は非難され、「退場にするなよ！」という監督ばかりでした。そんなことを言ったのは権藤監督だけでした。

ルールブックの冒頭にこう記してあります。

「野球は、囲いのある競技場で、監督が指揮する9人のプレーヤーから成る二つのチームの間で、１人ないし数人の審判員の権限のもとに、本規則に従って行なわれる競技である」（公認野球規則1・01）

さらに「審判員の判断に基づく裁定は最終のものであるから、プレーヤー、監督、コーチ、または控えのプレーヤーが、その裁定に対して、異議を唱えることは許されない」（公認野球規則8・02a）【原注】「警告にもかかわらず本塁に近づけば、試合から除かれる」

スポーツの試合は、極論すれば「ルールのある闘い」だと思います。しかし、本当にケンカをしたり、殴ったり、手を出したり、罵《ば》声《せい》を浴びせたりしてはいけません。お互い、フェアプレー精神のもとで戦う。だから「ゲーム」は楽しい。それを公平な立場で裁くのが審判員の権威であり、リスペクトが必要なのです。権藤さんはそんなことを認めてくれていたのだと理解しています。嬉しかったですね。

権藤さんには、右親指をアゴに付けて何か考えているイメージがあります。体つき通りスマートでダンディな人です。98年横浜の日本一は、前任の大矢明彦監督が下地を作り、権藤監督が昇華させたのだと思います。

大魔神・佐々木主浩投手につなぐ勝利の方程式、ロバート・ローズ選手を核とした

「マシンガン打線」、司令塔・谷繁元信捕手を中心とした鉄壁の守備陣。98年の日本一は、もう四半世紀も昔になるのですね。

4

野村克也監督いわく「すべての力を出しなさい」

野村克也監督とは90年から98年のヤクルト監督時代、99年から01年の阪神監督時代、06年から09年の楽天監督時代（セ・パ交流戦）の計16年間、グラウンドでご一緒させていただきました。

90年巨人－ヤクルトの開幕戦（東京ドーム）。ギャオス内藤（尚行）投手が篠塚利夫選手にライトポール際に同点2ランを打たれ（編集部注／実際はファウルではないかと言われる）、マウンドを両手でバンバン叩いて悔しがったことがありました。

セ・リーグで審判「6人制」から「4人制」に移行した初めての試合でした（パ・リーグは96年から）。以降、野村監督は特に巨人戦で神経過敏になっていましたし、われわれ審判員も巨人－ヤクルト戦で神経を磨《す》り減らしました。

私が野村監督でもっとも印象深いのは、95年日本シリーズのヤクルト－オリックス戦です。野村監督がシリーズ前にマスコミを利用し、「イチローを内角攻めにする」と言っておきながら、実際は外角攻めで翻弄《ほんろう》しました。イチロー選手の本来の快打が見られなかったということは、野村監督がヤクルトバッテリーに巧く策を授けた結果でしょう。

野村監督が指導者としてのユニフォームを脱ぐとき、色紙にサインをお願いしました。「ＩＤ野球」「考える野球」が代名詞の野村監督が采配を振るう試合は、先述のごとく審判員はいつも以上の緊張感を持って臨んだものです。本来なら監督、選手との記念撮影やサインをいただくのは、公平な立場の審判員としていかがなものかと思いますが、野村監督には特別にサインをいただいてしまいました。

「野村監督と一緒にやらせてもらい、私はとても勉強になりました。（野村監督にイヤ味を言われながらも）審判員として成長、発展できたと思います。惜別にサインをお願いできませんか」

――「井野修君へ　全機現」

「ぜんきげん」と筆ペンでしたためてくださいました。禅の言葉で「今ここで全ての機能を余すことなく現しましょう」という意味らしいです。まさに審判員のジャッジ、試合進行の様そのものを表す言葉を賜り、恐縮してしまいました。

野村監督と相性がよかったのは私と同期、１歳上の谷博審判員（53年生まれ、審判員歴通算35年、２７５４試合出場）です。徳島・海南高では、尾崎健夫投手（のちにプロゴルファー）、大石友好捕手（西武ほか）と同期です。

野村監督時代のコーチは「球審別のシーズン勝敗表」をつけていたらしいのですが、谷審判員のときは勝率がすこぶる高かったそうです。だからか、野村監督がらみで何かトラブルに発展しそうになったときは、野村監督より18歳下の谷審判員の出番でした。

「おじいちゃん、今のはこういうことなんですよ」

「谷君がそう言うのなら仕方ないなあ」

ゲンをかつぐ野村監督。谷審判員が説明すると〝いい関係〟を崩すまいとしたのか、笑顔で納得してくれていました。

5 チャーミングな長嶋監督

私が言うのは僭越《せんえつ》ですが、長嶋茂雄監督（巨人）はとても正直で憎めない方です。私は〝遭遇〟しませんでしたが、川相昌弘選手を代打に出すとき、球審に向かって「ピンチヒッター・川相」と言って、バントのジェスチャーをしたのは有名な話です。

ただ、長嶋監督の機嫌がいいか否かはすぐ分かりました。なぜなら機嫌がいいときは「井野さん」と、さん付け。あまり機嫌がよくないときは「アンパイア」と呼ぶのです（笑）。

原辰徳さんがヘッドコーチでしたから00年か01年のことです。松井秀喜選手の打球が東京ドームの天井に当たり、地上に落ちる前にライトの野手が捕球して、一塁塁審だった私は「アウト」をコールしました。長嶋監督が一塁ダグアウトを飛び出してきたのです。

「井野さん、ん〜っ、どうなんでしょう？　今のはどうしてホームランじゃないの？」

「天井に当たったのでインプレイです。それが落ちてきて捕球されたらフライアウトになります。新監督が就任するとき、ホームグラウンドのルールに意見があれば、審判部に申し出て変更の措置を取るのです。だから、変更なしということは、最終的に長嶋監督（93年に監督再就任）がお決めになったのですよね」

「原、そうなのか？」

「は、はい……」

「あ、そうなの。じゃ、仕方ない」

あっけらかんとしていました。

（編集部注／東京ドーム特別ルール＝打球が、フェア地域の天井や懸垂物に当たった場合はボールインプレイ。つまり落下した地点または野手が触れた地点でフェアボールかファウルボールか判定される。この打球を地上に落ちる前に野手が捕球すれば、打者はアウトになる）

同じ00年ころ、こんなこともありました。巨人―ヤクルト戦（東京ドーム）。私が球審の試合でした。巨人の仁志敏久選手がレフトポール際に大ファウルを打ちました。三塁塁審が何を勘違いしたのか、右手を回す本塁打のジェスチャーをして、３ランです。私はすぐに三塁塁審のところまで駆け寄りました。

「どうした？　今、レフトポールの頭上ではなく左横、完全なファウルだぞ」

審判団を集めて協議。三塁塁審には申し訳なかったですが、これは当然、「セ・リーグのアグリーメント（同意事項）」にある、正しい判定への変更です。

「長嶋監督、三塁塁審がホームランにしましたが、明らかなファウルだったのが、一塁ダグアウトからはっきり見えましたよね」

「ん？　んーっ（少しうなずく）、んーっ（少し地団駄）。〝アンパイア〟、ちゃんと見なさいっ！」
長嶋監督、チャーミングだったです。

INNING 2

9人の名投手

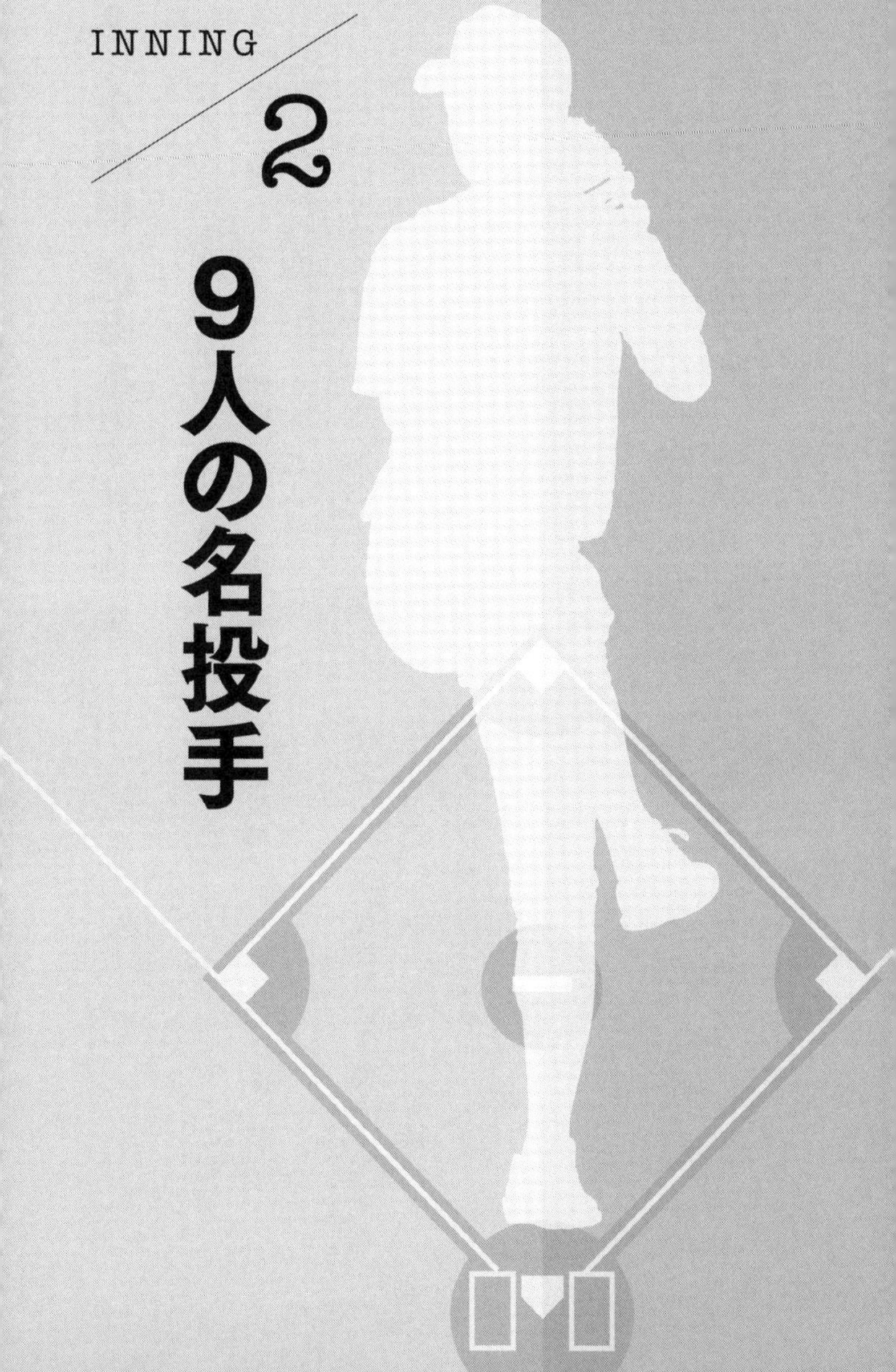

6

〝大魔神〟佐々木の4種の神器

球審でいちばん大切なことは「先入観」を持たないことです。「バッテリーの配球はこうだろう」などと球種を予想せず、純粋に「来た球がボールかストライクか」をジャッジするのです。

私は球場のスピード表示を気にとめないほうでしたが、〝大魔神〟こと佐々木主浩投手（横浜）が１５０キロ級のストレート、そして４種類のフォークボールを持っていたことは識別していました。ストライクゾーンの中で落ちるフォーク、ストライクゾーンからボールゾーンに落ちるフォーク、右打者の少し外に逃げるフォーク、左打者の少し外に逃げるフォークの４種類です。

フォークは人差し指と中指に挟んで抜くので回転が不規則になって、うまくコントロールできない投手も多いようです。しかし佐々木投手は、４種類のフォークを意のままに操っていました。

質の高いフォークは、ボールの縫い目が見えて少し回転しながら綺麗に落ちて来ました。なぜワンバウンドになるようなフォークに打者は手を出すのかと思いました。しかし、本当に切れのいいときは、物理的にありえないのですが、打者の直前までストレートで来て、そこから直角にストンと真下に落ちるイメージです。「もう絶対に打者は打てないな」と、感じました。

バッテリーを組む谷繁元信捕手と相性がよく、以心伝心だったのでしょう。「1球目から打ってこない雰囲気を感じた打者」には大胆にもド真ん中にストレートを投げ込んできました。ストッパーとしてマウンドに登り、走者を出さないで3人で抑えられる。それは横浜ファンばかりか、球審

佐々木主浩

- 68年2月22日生まれ、宮城県出身。190センチ、98キロ。右投げ右打ち
- 東北高〈甲子園〉→東北福祉大→横浜大洋（89年ドラフト1位）→マリナーズ（00年）→横浜（04年〜05年）

■日米通算16年＝667試合50勝54敗381セーブ、防御率2.60

■最優秀救援5度（日）

■ＭＶＰ1度、ベストナイン1度、オールスター出場10度（日8、米2）、新人王（米）

■主な記録＝連続試合セーブ22（日）

にとっても安心できる投手でした。

7 岩瀬の外角スライダーが「物差し」

岩瀬仁紀投手（中日）のスライダーは、左腕から繰り出されて鋭角に曲がり、右打者の右ヒザ元に巻き付くイメージです。マスコミは〝死神の鎌〟と表現していましたね。

左打者へのシュートも厳しかったです。04年、踏み込んで打ちにいった金本知憲選手（当時・阪神）の左手首に当たって骨折させてしまったほど威力がありました。金本選手は確か、連続試合フルイニング出場の記録がかかっていました。

審判員は春季キャンプに参加してブルペンで目慣らしをします。若手審判員はそれこそ毎日３００球から４００球、ボール、ストライクの判定練習をするのです。全盛期の岩瀬投手のスライダーとシュートの切れ、ストレートの質は凄かったです。

ベテラン審判員でも岩瀬投手の「外角際どいコースのスライダーとストレート」の、ボールとストライクの出し入れのジャッジが10球できたら、そのシーズンは大丈夫だなという自信がついたほどです。

審判員は、若手は動体視力はいいが、経験値にまだ乏しい。ベテランはその逆です。その兼ね合いも、キャンプでの練習として大事なのです。

岩瀬仁紀

- ●74年11月10日生まれ、愛知県出身。181センチ、84キロ。左投げ左打ち
- ●西尾東高→愛知大→NTT東海→中日(98年ドラフト2位〜18年)
- ■通算20年＝1002試合59勝51敗82ホールド407セーブ、防御率2.31
- ■最多セーブ5度、最優秀中継ぎ投手3度
- ■オールスター出場10度
- ■主な記録＝通算登板1002(先発1)、通算セーブ日本記録407、シーズン46セーブ(セ・リーグ最多タイ)、15年連続50試合登板

8
今中の投球は「高速道路を走る」がごとく

巨人と中日が、お互いペナントレース最終戦で優勝を争った94年「10・8決戦」。中日の先発は左腕・今中慎二投手でした。

１５０キロ級のストレートと90キロ前後の大小２つの超スローカーブの緩急で打者を翻弄しました。何より投球間隔が短く、テンポがいいのです。ちぎっては投げ、ちぎっては投げ……。打者に考える隙を与えません。われら球審のリズムものせてくれます。

ただ、バッテリーを組んでいた中村武志捕手は、際どいところを「ボール！」とジャッジされると、「入っていませんかね？」という感じで、名残惜しそうに

今中慎二

- ●71年3月6日生まれ、大阪府出身。182センチ、73キロ。左投げ左打ち
- ●大阪桐蔭高→中日（88年ドラフト1位～01年）
- ■通算12年＝233試合91勝69敗5セーブ、防御率3.15
- ■最多勝1度、最多奪三振1度
- ■沢村賞1度、ベストナイン1度、ゴールデングラブ賞1度、オールスター出場4度

ミットをしばらくそのまま止めておくのです。ボールだと、星野仙一監督時代は怒られたのでしょうか（苦笑）。

一方、マウンド上の今中投手は「ボール球の判定ならボール球でいいから、早く球を戻してください。次の球を早く投げたいんです」という表情でしたね。たとえるなら、信号機がない高速道路を走るような感じでしょうか。表現が適切かどうか分かりませんが、信号待ちで何度も停まるより、信号機がない高速道路を（スピードは別にしても）走るほうが快適ですよね。今中投手は、投球リズムを大切にして投げるタイプと見受けました。

9
野村監督がベタぼめだった上原の2ペア

上原浩治投手（巨人）が99年に15連勝したとき、凄い新人が入ってきたものだと驚きました。球の回転がきれいで、上原投手のリリースポイントから捕手のミットまで、投球の軌道が一直線に見えるイメージです。しかし、打者からすればストレートとフォークのコンビネーションをコマンド（自由に操る）で決められるので、厄介だったでしょう。

　投手は「９イニング平均の与四球率が２・００個以内だと、抜群にコントロールがいい」部類だそうです。最近では石川雅規投手（ヤクルト）が１・７８個（23年現在）。〝投げる精密機械〟、〝針の穴を通すコントロール〟の異名を取った往年の通算３２０勝投手・小山正明さん（阪神ほか）は、１・８０個です。

上原浩治

- ●75年4月3日生まれ、大阪府出身。187センチ、87キロ。右投げ右打ち
- ●東海大仰星高→大阪体育大→巨人（98年ドラフト1位）→オリオールズ（09年）→レンジャーズ（11年）→レッドソックス（13年）→カブス（17年）→巨人（18年～19年）
- ■日米通算21年＝748試合134勝93敗104ホールド128セーブ、防御率2.94
- ■最多勝2度（日）、最優秀防御率2度（日）、最高勝率3度（日）、最多奪三振2度（日）
- ■沢村賞2度、ベストナイン2度、ゴールデングラブ賞2度、新人王（日）、オールスター出場9度（日8、米1）
- ■主な記録＝「20勝、30セーブ」経験投手、日米通算100勝100ホールド100セーブ、ワールドシリーズ胴上げ投手

上原投手はそのはるか上をいく1・26個。名球会投手の中でも段違いだそうです。

プロ野球記者たちは喜んでいました。

「試合終了後、ヒーローや監督に取材したあと、球場の記者席で原稿を書き終わると終電ギリギリで、だいたい帰宅は深夜0時半ごろ。それが上原の登板日は試合が早く終わる。その日のうちに帰宅できるし、カミさんもまだ起きている」

その記者に言わせると、故・野村克也監督は上原投手を絶賛していたそうです。

「打者に1つの球種を意識させておいて、もう1つの球種への意識を稀薄にさせるのがワシの配球論。上原はストレートとフォークボール、内角高目のボール球と外角低目のストライク。この2ペアを絶妙なコントロールで操った。だから勝てる投手だったのだ」

10 カットボールを四隅に投げ分けた川上

思えば、90年代の好投手はみんなテンポがよかったです。斎藤雅樹投手、桑田真澄投手、上原浩治投手（いずれも巨人）、今中慎二投手、川上憲伸投手（いずれも中日）……。

川上投手は9イニング平均の与四球率が2・19個。持ち球の、迫力あるストレート、カットボール、カーブ、シュート、フォークボールを駆使して、内角高目、外角高目、内角低目、外角低目と4コーナーに投げ分けました。川上投手の場合、1回の〝立ち上がり〟が課題で、ここを乗り越えれば、だいたい6、7回までは順調でした。

また、9イニング平均の奪三振率が7・04個だそうです。奪三振率が7個以上なら本格派らしいです。当然、最多奪三振のタイトルにも輝いたことがあります。

そういえば、日本で本格的なカットボールを投げ始めたのも川上投手のようですね。川上投手は02年にノーヒットノーランをマークしていますが、翌日の新聞は「スライダー」と「カットボール」の表記が混在していました。「曲がりが大きい」スライダーというより も、「打者のバットの芯を少し外す」球を投げていましたから、それがカットボールなのですね。

ただ、われわれ球審にとってはスピードや球種はあまり問題ではなく、本塁ベース上を通過するストライクか否かが重要なのです。

11

バッテリー間を15メートルと錯覚させた江川

体感的に球速が一番速かったのは、やはり江川卓投手（巨人）です。入団時の経緯もあって、79

川上憲伸

- ●75年6月22日生まれ、徳島県出身。179センチ、90キロ。右投げ右打ち
- ●徳島商高〈甲子園〉→明治大→中日(97年ドラフト1位)→ブレーブス(09年～10年)→中日(12年～15年)
- ■日米通算17年＝325試合125勝98敗2セーブ、防御率3.37
- ■最多勝2度(日)、最多奪三振1度(日)、最高勝率1度(日)
- ■MVP1度、沢村賞1度、新人王(日)、ベストナイン2度、ゴールデングラブ賞3度、オールスター出場6度
- ■主な記録＝ノーヒットノーラン

年は4月と5月、1軍での登板を自粛しました。そのとき、イースタン・リーグ登板の試合で、江川投手の投球を初めて球審としてジャッジしました。「これが江川か」——甲子園、東京六大学と、勇名は全国にとどろいていました。

　野球人なら誰でも「18・44メートルはこれくらいだな」と、バッテリー間の距離は体感で分かると思います。

　江川投手は体が大きくて、太ももに迫力がありました。その威圧感のせいか、「あれ、近過ぎない？」とバッテリー間を15メートルくらいに錯覚させられたのは、江川投手が最初で最後です。バッテリー間が15メートルでは学童野球になってしまいます（苦笑）。（編集部注／小学校低学年14メ

江川卓

- ●55年5月25日生まれ、福島県出身。183センチ、90キロ。右投げ右打ち
- ●栃木・作新学院高〈甲子園〉→法政大→作新学院職員→阪神（78年ドラフト1位）→巨人（79年途中〜87年）
- ■通算9年＝266試合135勝72敗3セーブ、防御率3.02
- ■最多勝2度、最優秀防御率1度、最高勝率2度、最多奪三振3度
- ■ＭＶＰ1度、ベストナイン2度、オールスター出場8度
- ■主な記録＝投手五冠（史上8人）、シーズン無四死球試合10（セ・リーグタイ記録）

ートル、高学年16メートル）

「ストレートはホップするような感じがする」。物理的にそんなことはありえないのですが、審判員仲間みんながそう話しました。私的に投球がホップするように感じたのは江川投手と鈴木孝政投手（中日）だけです。斎藤雅樹投手（巨人）がのちに言っていました。

「キャッチボールをしていると、投げたあと、手のひらの〝パー〟が見える。あの投げ方だからホップ成分が高くなるのではないか」

当時のスピードガンでは１４５キロくらいでしたが、スピードガンの精度や性能の問題もあるし、実際は１５５キロくらいを記録していたのではないでしょうか。

一方で、カーブは切れが抜群というわけではなく、ストレートに対するチェンジアップ的な意味合い、カウント稼ぎの目的で使っていたのでしょう。いずれにせよ、その2種類だけであれだけ高い勝率（通算勝率・６５２）を誇っていたのですから、実力は突出していたのですね。

コントロールもよくて、山倉和博捕手（巨人）が構えたところに10球投げたら9球は収まりました。「シーズン無四死球試合10」のセ・リーグタイ記録（82年）を持っています。審判員仲間は「江川の試合はラクだ」が、一致した見解でした。

12

槙原自画自賛「僕はいい投手だったでしょ」

ペナントレース最終戦を勝ったほうが優勝という巨人と中日の「94年10・8決戦」は、槙原寛己投手－斎藤雅樹投手－桑田真澄投手という「巨人の先発3本柱」（全員が通算１５０勝以上）のリレー継投でした。

まず先発の槙原投手。94年に広島戦（福岡ドーム）で完全試合を達成したときに私は一塁塁審を務めています。決して絶好調とは言えなかったと思いますが、7回終了時点で球場スタンドがざわめき始めたので、私は電光掲示板を見ました。「あれ、まだ走者を１人も出していないぞ」と気づいたのです（結果的に9回１０２球、7奪三振）。

　私は球審として槙原投手の投球をジャッジした経験が少ないのですが、お互いの現役引退後に話す機会がありました。

「井野さん、僕はいい投手だったでしょ（笑）」

「走者がいるときにマウンド上で不自然な動作をするので、ボークが多かったよね（通算14個はセ・リーグ記録）。審判員としては、そこが気になって仕方なかった」

「言い訳するわけじゃないですけど、僕は視力がよくなかったので、特にナイトゲームでは捕手のサインがよく見えなかったんです。だからサインをのぞき込んだり、みずからサインを出したりしたんですよ」

槙原寛己

- ●63年8月11日生まれ、愛知県出身。187センチ、94キロ。右投げ右打ち
- ●大府高〈甲子園〉→巨人（81年ドラフト1位〜01年）
- ■通算20年＝463試合159勝128敗56セーブ、防御率3.19
- ■最多奪三振1度
- ■新人王、日本シリーズMVP1度、オールスター出場6度
- ■主な記録＝完全試合（94年）

現役時代にそれを知っていたらジャッジが変わるということはありませんが、気さくな性格なのはそのとき初めて知りました。

13

ストライクゾーンを広げる斎藤雅

次に斎藤雅樹投手。プロ1年目の83年はイースタン・リーグで、オーバースローで投げていました。

「球はそこそこ速いけど、コントロールはあまりよくないし、本当にドラフト1位？　選手生命も長くないかな……」

それが私の偽らざる印象でした。しかし、藤田元司監督のアドバイスでサイドスローに転向するや、劇的な変身を遂げたのです。89年と90年に連続20勝。以来、「連続20勝」投手は30年以上出現していません。

サイドスローは、球審からするとジャッジが難しいんです。気を許すと、ストライクゾーンがだんだん広がっていきます。というのは、投球が右打者の本塁にクロスで入って出ていくので、外角をかすってそのまま流れていけば、とんでもないところまでストライクになってしまう恐れがあるのです。

斎藤投手の全盛期の強く大きなスライダーの曲がりもさることながら、ストレートは剛球で、「こりゃ打者は打てないな」と感じていました。

往年の大投手の杉浦忠投手（南海＝現・ソフトバンク）も凄かったそうですが、「サイドスローの本格派とは、こういう投手のことを言うのだろうな」と思ってジャッジしていました。

斎藤雅樹

- ●65年2月18日生まれ、埼玉県出身。181センチ、90キロ。右投げ右打ち
- ●市立川口高→巨人（82年ドラフト1位〜01年）
- ■通算19年＝426試合180勝96敗11セーブ、防御率2.77
- ■最多勝5度、最優秀防御率3度、最高勝率3度、最多奪三振1度
- ■MVP1度、沢村賞3度、ベストナイン5度、ゴールデングラブ賞4度、オールスター出場6度
- ■主な記録＝11試合連続完投勝利、3年連続開幕戦完封勝利、「年間最多完封」7度

14

「超一流」ではないが、「すべて一流」の桑田

桑田真澄投手の持ち球は、ストレート、カーブ、シュート、スライダー、フォークだったと思います。いつもコントロールよく、配球を組み立てながら投げてくるクレバーなイメージを抱いていました。

正直、「超一流」という球はなかったのですが、どの球も「一流」でした。手も足も出ないきりきり舞いというわけではないですが、打者のバットの芯を外す投球術で翻弄できるというのは、そういうことなのでしょう。

振り返ってみると槙原投手、斎藤投手、桑田投手

桑田真澄

- ●68年4月1日生まれ、大阪府出身。174センチ、80キロ。右投げ右打ち
- ●PL学園高〈甲子園〉→巨人（85年ドラフト1位）→パイレーツ（07年〜07年）
- ■日米通算22年＝461試合173勝142敗14セーブ、防御率3.59
- ■最優秀防御率2度、最高勝率1度、最多奪三振1度
- ■MVP1度、沢村賞1度、ベストナイン1度、ゴールデングラブ賞8度、オールスター出場8度

と、三者三様でした。通算150勝以上の投手が「先発3本柱」「三本の矢」としてそろっていたわけですから、80年代後半から90年代後半の巨人が強かったわけです。この3人の投球をジャッジできた私は幸せでした。一方で、あんなに素晴らしい投手たちでも通算200勝に届かなかったわけですから、いかに投手の「名球会」入りが大変なのかが分かろうというものです。

INNING 3

スラッガーBEST5

15

超一流審判の眼を持つ落合

球審は「ボールかストライクか」を見るのが中心なので、正直な話、投手と比較して打者の印象は薄いのですが、記憶に残る打者は当然います。長年の審判員生活から強打者ＢＥＳＴ５を挙げます。

一番手はやはり落合博満選手です（ロッテ、中日、巨人、日本ハム）。昔はバッターボックスのド真ん中に立って打つ選手が多かったように思います。しかし、87年に中日に移籍してきた落合選手はバッターボックスの捕手寄り、本塁ベース寄りに立って、オープンスタンスで打っていました。最近そういう打者が多いのは、落合選手の影響ではないでしょうか。

私はどちらかと言うと、低目を広くストライクに取る球審でした。

「ストライク！」

（低いよ）

落合選手は後ろを振り向いて、唇を動かすのです。捕手に聞こえないように声は出しませんし、激しい抗議ではありません。選球眼は言うまでもなく、抜群でした。妙な例えですが、もし審判員になったら、超一流の審判員になっていたでしょう。通算四球は王貞治選手（巨人）がダントツですが、2位は当然のごとく落合選手です。

そして、球審が「ボール」「ストライク」のジャッジをくだそうかなというタイミングまで投球を引き付けておいて、バットが出ていくのです。ということは投球をしっかり見極めて、かつスイングスピードが恐ろしく速いということです。軽く振っているような感じで、打球は遠くに飛んでいきました。

聞いた話によると古田敦也捕手（ヤクルト）も同じようなイメージを抱いていたそうです。私は個人的に思っていました。

「落合選手を抑えるには、超スピードボールしかないな」

現役引退後、本人の話を文献で目にしました。

「内角球を右方向に持っていくので、外角球はもっと上手く右方向に打つだろうと思われて、バッテリーは内角を攻めてきた。だが、俺が本当に苦手なのは外角低目で、内角は好きだったのでしめしめと思っていた」

苦手な外角低目に対応できるように本塁ベースに近づき、普通なら窮屈に思える「好きな内角」に投げさせて、それを広角に打ち分けていたのかなとも思いました。落合選手は内角球をよけるのも上手く、現役20年間で通算死球は63個です。

工藤公康投手（西武ほか）の著書によれば、「落合さんは、自分のような左投手が投げる内角カーブは大好物」。谷繁元信捕手の著書によれば、「右投手の盛田幸妃さん（横浜大洋ほ

落合博満

- ●53年12月9日生まれ、秋田県出身。178センチ、82キロ。右投げ右打ち。内野手
- ●秋田工高→東洋大中退→東芝府中→ロッテ（78年ドラフト3位）→中日（87年）→巨人（94年）→日本ハム（97年～98年）
- ■通算20年＝2236試合2371安打、打率.311、510本塁打、1564打点
- ■首位打者5度、本塁打王5度、打点王5度
- ■MVP2度、ベストナイン10度、オールスター出場15度
- ■主な記録＝三冠王3度、両リーグ200本塁打、両リーグ本塁打王、1試合6四球

か）のような内角に食い込んでいく、死球の恐れのあるシュートは大の苦手」だったそうです。

通算５００安打、１０００安打、１５００安打、２０００安打は、すべて本塁打で達成。さらに１０００試合出場、２０００試合出場時も本塁打。当然、狙い打ちしていたということなのでしょうね。

16
ネクストからスイング音が聞こえた松井秀

松井秀喜選手（巨人）のスイングスピードは速く、強かったです。

ロベルト・ペタジーニ選手（ヤクルト）と本塁打王争いをしている99年でした。松井選手がネクストバッターズサークルでバットを振っていると「ビュッビュッ！」と、球審の構えをしている私のところまで音が届くのです。ほとんどの選手がタイミングを合わせる程度に振っているのに、松井選手だけはいつも真剣にバットを振っていました。
その打席の結果は、船木聖士投手（阪神）が投げた内角ボール気味の球を振り抜いて、東京ドームのライトスタンド一直線の通算２００号本塁打でした。
松井選手や掛布雅之選手（阪神）が「長嶋茂雄監督にスイングの音を電話の受話器で聞いてもらった」という話が都市伝説のように言われていますが、スイングの音で好不調を聞き分けるというのは、ありうることだと私も思います。

そして、松井選手は本当に礼儀正しかったです。顔だけ振り向いて「チワ」とか「チース」と言う選手が多い中、試合前にあいさつをする際は、「井野さん、こんにちは」と爪先をこちらに向けてくれました。

松井選手は03年からメジャーにわたり、09年ワールドシリーズではペドロ・マルティネス投手（フィリーズ）から本塁打を放つなど、ＭＶＰに輝きました。しかし、ヤンキースは松井選手と翌年以降の契約を結ばず、松井選手はエンゼルスに移籍しました。

翌10年、ヤンキー・スタジアムでの開幕戦の試合前、ワールドシリーズのチャンピオンリングの授与式がありました。松井選手が対戦チームのメンバーとして、ヤンキースナインの授与式を傍観していると、最後の最後「HIDEKI MATSUI」の名前がサプライズでコールされたのです。

すると、主将デレク・ジーター選手やアレックス・ロドリゲス選手ら、ヤンキースのスター軍団の面々が次々と松井選手をめがけて祝福に突進したのです。

あの光景を見て、松井選手の人間性や日本野球のフォア・ザ・チーム精神は、メジャーの選手にも通じるのだなと感動したものです。

松井秀喜

- ●74年6月12日生まれ、石川県出身。188センチ、95キロ。右投げ左打ち。外野手
- ●星稜高〈甲子園〉→巨人(92年ドラフト1位)→ヤンキース(03年)→エンゼルス(10年)→アスレチックス(11年)→レイズ(12年〜12年)
- ■日米通算20年＝2504試合2643安打、打率.293、507本塁打、1649打点
- ■首位打者1度(日)、本塁打王3度(日)、打点王3度(日)
- ■MVP3度、ベストナイン8度、ゴールデングラブ賞3度、オールスター出場11度(日9、米2)
- ■主な記録＝ワールドシリーズMVP、日米1768試合連続出場(史上5位＝カル・リプケンJr.、衣笠祥雄、ルー・ゲーリッグ、鳥谷敬に次ぐ)

17

「アラ・イバ」はコンビで3人分の威力

現在、「侍ジャパン」の監督である中日の井端弘和遊撃手は、荒木雅博二塁手との打順1・2番コンビ、二遊間コンビの「アラ・イバ」として有名です。2人で3人分の威力を発揮しました。そういう意味でこのコンビは、長距離砲ではなくても、「スラッガー（強打者）」だったと思うのです。

井端選手は打撃では、空振りしないでファウルで粘る。「空振り率（空振り数÷スイング数）」という指標があるそうですが、そのシーズン1位が現役時代に3度もあったそうです。「10球振って空振りは1度くらい」というのも聞いてうなずけます。

審判員は職業柄、無事に何もなく27アウトが淡々と積み重ねられるのがいいわけです。「審判員の反省会」の中で、よくこういう感想が語られました。

「荒木が出塁して、井端が二塁盗塁アシストの空振り、ヒットエンドラン、送りバント。井端のようにアウトにならない選手は、審判員にとって実に脅威だね」

三振かなと思われる際どい投球はカットしてファウルで粘り、甘いところにきた投球をヒットにしてチャンスを拡大させる。チームに貢献する選手でした。

一方、荒木選手は好不調の波が大きかったようですが、荒木選手いわく「外角高目ストレートなら絶対打てるぞ」という得意なコースを徐々に増やしていったそうです。井端選手は通算１９１２安打、遊撃ゴールデングラブ賞７度。荒木選手は通算２０４５安打、二塁ゴールデングラブ賞６度です。「落合・中日」８年間でリーグ優勝４度、日本一１度も、「アラ・イバ」コンビの存在あってこそだと思います。

さて、井端選手も荒木選手も選手会長を務め、２人ともこう言ってくれました。

「社会人として常識のあいさつもできないような選手がウチ（中日）にいたら、自分たちに遠慮なくおっしゃってください。注意しますから」

そんな言葉を聞くと、選手たちも審判たちも、同じプロ野球界に生きる運命共同体の一員だということを実感します。

井端弘和

- ●75年5月12日生まれ、神奈川県出身。173センチ、73キロ。右投右打。内野手
- ●東京・堀越高〈甲子園〉→亜細亜大→中日(97年ドラフト5位)→巨人(14年〜15年)
- ■現役17年＝通算1896試合1912安打、打率.281、56本塁打、510打点
- ■ベストナイン5度、ゴールデングラブ賞7度、オールスター出場8度
- ■主な記録＝サイクル安打
- ■WBC日本代表(13年)、五輪日本代表コーチ(21年)、侍ジャパン監督(23年〜)

荒木雅博

- ●77年9月13日生まれ、熊本県出身。180センチ、77キロ。右投右打。内野手
- ●熊本工高〈甲子園〉→中日(95年ドラフト1位〜18年)
- ■現役23年＝通算2220試合2045安打、打率.268、34本塁打、468打点
- ■盗塁王1度(通算378盗塁)
- ■ベストナイン3度、ゴールデングラブ賞6度、オールスター出場5度

18

鈴木尚典、イチロー、前田智。左の強打者の系譜

先述の落合博満選手、松井秀喜選手で思い出しましたが、「バットが遅れて出てくる」選手として鈴木尚典選手（横浜）がいます。鈴木選手の97年21本塁打は、85年田代富雄選手以来、チームの日本人野手としては12年ぶりの20本塁打以上でした。

それにしても98年の〝マシンガン打線〟は、1（遊）石井琢朗、2（中）波留敏夫、3（左）鈴木、4（二）ロバート・ローズ、5（一）駒田徳広、6（右）佐伯貴弘、7（三）進藤達哉、8（捕）谷繁元信と、どの打順からも次から次へと安打が飛び出す打線。チーム打率・277は当然セ・リーグ1位で、38年ぶりの日本一となりました。

石井、波留、佐伯、進藤、谷繁の5選手は皆70年生まれ。鈴木選手はその2歳下。それぞれ同世代ということでライバル意識を燃やし、切磋琢磨して技術向上につながったのではないでしょうか。

鈴木選手は97年に打率・335（2位横浜・ローズ・328）、98年は打率・337（2位広島・前田智徳・335）と、わずかの差で2位選手をかわし、2年連続首位打者のタイトルを掌中に収めています。パ・リーグでは両年ともイチロー選手（オリックス）が4年連続、5年連続の首位打者に輝いています。

さて、この前田智徳選手（広島89年ドラフト）、鈴木選手（90年ドラフト）、イチロー選手（オリックス91年ドラフト）の共通項はご存じですか。そう、「ドラフト4位入団」「背番号51」です。前田選手だけは鈴木選手に敗れて、首位打者を獲得していません。

度会隆輝選手がドラフトで3球団競合の末、DeNA

鈴木尚典

- 72年4月10日生まれ、静岡県出身。186センチ、88キロ。右投げ左打ち。外野手
- 神奈川・横浜高〈甲子園〉→横浜大洋（90年ドラフト4位〜08年）

■通算18年＝1517試合1456安打、打率.303、146本塁打、700打点

■首位打者2度

■ベストナイン2度、オールスター出場4度

に入団しましたが、今年開幕戦本塁打、２試合目本塁打を含む４安打。鈴木選手、佐野恵太選手（20年）に続くチーム左打者の「首位打者、20本塁打」に向けて期待は膨らむばかりです。

19

詰まっても泳がされても打つ篠塚、小笠原

鈴木尚典選手（横浜）、イチロー選手（オリックスほか）、前田智徳選手（広島）の３人は、首位打者、20本塁打、打点は80から90を狙える「左の強打者」タイプですが、「左の巧打者」として脳裏に焼き付いている打者がいます。篠塚利夫（和典）選手（巨人）です。

篠塚選手と言えば、81年に打率・３５８で首位打者に輝いた藤田平選手（阪神）と高レベルのバットマンレース（打率・３５７）を演じた天才的な打撃。

84年と87年の首位打者、90年開幕戦で内藤尚行投手（ヤクルト）から〝疑惑のアー

チ〟、そうかと思えば93年に当時の1試合奪三振日本タイ記録17を狙った「高速スライダー」の伊藤智仁投手（ヤクルト）からサヨナラ本塁打など、多くの名シーンが思い浮かびます。

篠塚選手の投球の待ち方は「内角速球に合わせておいての変化球対応」だと思います。それも「本塁ベースと打席の白線の間」に来るストレートをイメージしていたように感じます。

伊藤投手の「高速スライダー」のスピードは１３０～１３３キロぐらいで、鋭角に変化しました。昨年の大谷翔平投手（当時エンゼルス）の平均１３８キロ、本塁ベース43・２センチの内角から外角を横切るような大きな曲がり球（スイーパー）ではありませんでした。篠塚選手の伊藤投手からのサヨナラ本塁打は、真ん中高目の１３８キロのストレートを打ったものだと聞いています。１７６センチ68キロの痩身《そうしん》でしたので、本塁打を狙う場面では内角高目のストレートに体をクルッとうまく回転させていました。

それと、内角の一番速い球を80〜70パーセントの力のスイングとするなら、そこから外や外角の変化球は60〜50パーセントの力と、スイングのパーセンテージを落とすような感じです。投球に詰まっても泳がされても、「ヒットゾーンに打球を運ぶ」スイングのように見えました。試合前のティー打撃を見ていると、篠塚選手はネットの上下、左右に意識的に打ち分ける練習をしていました。

篠塚選手は現役引退後、95年〜03年、06年〜10年に巨人コーチを務めました。「ミスター・フルスイング」こと、小笠原道大選手が日本ハムから移籍し、07年〜13年に巨人のユニフォームに袖を通しました。この小笠原選手の試合前の練習を見ていたことがあるのですが、篠塚選手と相通ずるところを感じました。

篠塚利夫

●57年7月16日生まれ、千葉県出身。176センチ、68キロ。右投げ左打ち。内野手

●銚子商高〈甲子園〉→巨人(75年ドラフト1位〜94年)

■通算19年＝1651試合1696安打、打率.304、92本塁打、628打点

■首位打者2度

■ベストナイン5度、ゴールデングラブ賞4度、オールスター出場9度

「小笠原さん、絶好調のようですね」
「いえ、少し納得がいかないところがあって、微調整しています」

審判員の目には絶好調に映っても、「確実性の高い首位打者」「長距離を飛ばす本塁打王」「勝負強い打点王」の3部門のタイトルを獲るような打者は、やはりとことん技術を突き詰め、追究するのでしょうね。

篠塚選手と似ていたのは、投手は打者の体勢を崩そうとして投げてくるものですから、体勢を崩されることを前提とし、バットの芯で当てられるようなコースは全部打てるように打撃練習をしていたところです。篠塚コー

小笠原道大

- 73年10月25日生まれ、千葉県出身。178センチ、84キロ。右投げ左打ち。内野手
- 暁星国際高→NTT関東(現・NTT東日本)→日本ハム(96年ドラフト3位)→巨人(07年)→中日(14年〜15年)
- 現役19年＝通算1992試合2120安打、打率.310、378本塁打、1169打点
- 首位打者2度、本塁打王1度、打点王1度
- MVP2度(両リーグにまたがり2年連続は1人だけ)、ベストナイン7度、ゴールデングラブ賞6度、オールスター出場11度
- 主な記録＝「打率3割30本塁打80打点」9度は、王貞治(巨人)の13度に次ぐ2位

チにそう教えられたのかどうかは定かではありませんが、崩された体勢でのベストに近いスイングを、体にインプットさせているようでした。篠塚選手とは違い、小笠原選手はニックネームのごとくフルスイングでしたが（笑）。

INNING

4

ポジション別ベストナイン

20-1

「正直なキャッチング」の谷繁

印象深い投手と打者を挙げたあとは、印象深かった選手をポジション別に選びます。まず捕手は、谷繁元信捕手（中日ほか）です。

捕球術は「キャッチング」とも「フレーミング」とも呼ばれます。かつては捕った投球を本塁ベースの内側に入れる捕手がほとんどでしたが、最近では捕った位置でそのままにする〝ビタ止め〟がトレンドのようです。

球審は、捕手がミットを動かそうが動かすまいが、本塁ベース上方のストライクゾーンを通過したかどうか、見たままをコールします。

ただ、球審から必然的に見えづらい低目の球を、（ミットを上方に動かさないで）そのまま止めて見せてくれる捕手はありがたいものです。それが谷繁捕手でした。

彼は現役生活も長く、私とのグラウンドでの付き合いも長いわけで、「井野さん、今日は（ストライクゾーンが）ちょっと甘めですね」と、正直かつ冗談めかして話しかけてもきました。

捕手でもっとさかのぼると82年まで19年間現役を続けた木俣達彦捕手（中日）が思い出深いです。

「井野君、今のはちょっと甘いなあ」

「今度はストライクだよ、井野君」

私への文句ではありません。絶対後ろを振り向かず、打者に聞こえぬよう、つぶやくのです。

古き良き時代という言葉でまとめてしまうのはナンですが、関根潤三監督といい、プロ野球界にはいい先輩方がいらっしゃいました。監督や選手が審判員を育て、おこがましく言わせていただければ、審判員が選手を育てる時代もあったのだと思います。

谷繁元信

- ●70年12月21日生まれ、広島県出身。176センチ、81キロ。右投げ右打ち。捕手
- ●島根・江の川高（現・石見智翠館高）〈甲子園〉→横浜大洋（88年ドラフト1位）→中日（02年～15年）
- ■通算27年＝3021試合2108安打、打率.240、229本塁打、1040打点
- ■ベストナイン1度、ゴールデングラブ賞6度、オールスター出場12度
- ■主な記録＝通算3021試合出場は日本記録、捕手として2963試合出場は世界記録
- ■14年～15年はプレーイングマネージャー、16年は専任監督

中嶋聡（オリックスほか）、谷繁、野村克也（南海ほか）、相川亮二（横浜ほか）、伊東勤（西武）、中村武志（中日ほか）、伊藤勲（大洋ほか）、田村藤夫（日本ハムほか）、森昌彦（現・祇晶、巨人）、矢野燿大（阪神ほか）、村田真一（巨人）、吉田孝司（巨人）、山崎勝己（オリックスほか）。現役20年以上の捕手は史上13人いるらしいです。木俣捕手はあと1年、惜しかったです。

20-2

中尾の〝強肩発動〟とピンポイントな助言

中日で、木俣捕手の次のレギュラー捕手が、中尾孝義捕手（中日ほか）でした。強肩のスローイングで思い出すのがこの中尾捕手です。矢のような二塁送球が投手の左肩少し上を通過して、二塁ベースに到達しました。走者を刺して、アウトを1つ増やしてくれます。

誤解を恐れずに言うなら、27個のアウトを積み重ね、試合終了まで無事進行させるのが審判員にとって重要です。その観点からすると、大いなる好捕手でした（通算盗塁企図５６２、盗塁刺２０１、阻止率・３５８）。もっとも中尾捕手は82年にセ・リーグ初の捕手ＭＶＰに選ばれている超実力派捕手です。それまでの捕手といえば、失礼ながらスローモーなイメージがありましたが、中尾捕手は機敏で〝捕手像を変えた男〟とも呼ばれました。

　捕手の3要素は「キャッチング」「スローイング」「リード」と言われます。読者の皆さんは「審判から見てリード（配球）のよかった捕手」を聞きたいのだと思います。しかし、先述したように球審は本塁ベース上を通過した投球のボール、ストライクをジャッジするのが大事なわけなので、リードの良し悪しは無関係なのです。

中尾孝義

- ●56年2月16日生まれ、兵庫県出身。173センチ、75キロ。右投げ右打ち。捕手
- ●滝川高→専修大→プリンスホテル→中日（80年ドラフト1位）→巨人（89年）→西武（92年～93年）
- ■通算13年＝980試合699安打、打率.263、109本塁打、335打点
- ■ＭＶＰ1度、ベストナイン2度、ゴールデングラブ賞2度、オールスター出場3度

ただ、中尾捕手が89年に巨人に移籍したとき、伸び悩んでいた斎藤雅樹投手にこんなアドバイスをしたそうです。

「他球団から客観的に見ていたとき、斎藤の剛球は簡単に打てないと思った。アバウトでいいから、もう少し内角に投げてごらん」

「内角はピンポイントで投げないと打たれてしまう」と恐れていた斎藤投手にとって、目から鱗が落ちるような思いだったそうです。それこそ値千金のピンポイントな助言になりました。89年と90年、斎藤投手は一躍、連続20勝投手に登り詰めたのでした。

21

元気印の**中畑**、一塁絶妙捕球の**駒田**

私が上手かったと思う一塁手は、ゴールデングラブ賞7度の中畑清選手（巨人）を挙げたいです。不器用そうに見えて、堅実な守備。さらに〝元気印〟は最高でした。「おう、元気出していこうぜ！」。審判員にまで言う必要はないのにと思いましたが

（笑）、私も元気をもらっていました。あの明るさが野球ファンのハートを鷲摑みにするのでしょう。

89年日本シリーズ対近鉄、3連敗後の4連勝。第7戦で現役14年間の有終の美を飾る代打アーチは、ファンの脳裏に焼き付いていることと思います。

もう1人は駒田徳広選手（巨人ほか）です。中畑選手の次代のセ・リーグ一塁手で、

中畑清

- ●54年1月6日生まれ、福島県出身。183センチ、80キロ。右投げ右打ち。三塁手、一塁手
- ●安積商高→駒沢大→巨人（75年ドラフト3位〜89年）
- ■通算14年＝1248試合1294安打、打率.290、171本塁打、621打点
- ■ゴールデングラブ賞7度、オールスター出場6度

駒田徳広

- ●62年9月14日生まれ、奈良県出身。191センチ、90キロ。左投げ左打ち。一塁手
- ●桜井商高→巨人（80年ドラフト2位）→横浜（94年〜00年）
- ■通算20年＝2063試合2006安打、打率.289、195本塁打、953打点
- ■ベストナイン1度、ゴールデングラブ賞10度、オールスター出場6度
- ■主な記録＝プロ野球史上初の「プロ初打席満塁本塁打」でデビュー

191センチの長身を最大限に生かしていました。的が大きいと、内野手は送球がラクですし、ワンバウンド捕球は絶妙でした。ダブルプレーのときは手足が長い分、間一髪のプレーにも有利でした。

一塁手ゴールデングラブ賞10度はセ・パ両リーグ最多ですし、横浜に移籍して通算2000安打も達成しています。

22

強打堅守の横浜の外国人二塁手ロバート・ローズ

私が少年時代に見た、80年まで現役を続けた高木守道二塁手（中日）のバックトスは、まさに芸術でした。ダブルプレーのとき、二塁ベースに入った遊撃手にトスするのですが、掛布雅之選手（阪神）いわく「上から投げるくらい速い球」でした。

ロバート・ローズ選手（横浜）も上手かったです。ローズ選手というと、98年横浜優勝時の4番打者とか、翌99年打率・369、153打点の二冠王とか、とかく打撃ばかり注目されますが、堅い守りでした。特に6（遊撃）－4（二塁）－3（一塁）のダブルプレー時、ピボットマンとしての一塁送球が、正確で速く強かったのです。

谷繁元信捕手、駒田徳広一塁手、ローズ二塁手、進藤達哉三塁手、石井琢朗遊撃手は、〝マシンガン打線〟とともに、鉄壁の内野陣でした。

それにしても大洋、横浜というチームは、古くはジョン・シピン二塁手、フェリックス・ミヤーン二塁手、そしてローズ二塁手と、好打好守の外国人二塁手を獲得してきましたね。

ロバート・ローズ

- ●67年3月15日生まれ、米国カリフォルニア州出身。180センチ、85キロ。右投げ右打ち。内野手
- ●サンディマス高→エンゼルス（89年）→横浜（93年～00年）→ロッテ（03年～03年）
- ■通算8年＝1039試合1275安打、打率.325、167本塁打、808打点
- ■首位打者1度、打点王2度
- ■ベストナイン6度、ゴールデングラブ賞1度、オールスター出場4度
- ■主な記録＝6年連続打率3割はオマリー（阪神ほか）に並ぶ外国人2人目。唯一のサイクル安打3度。シーズン153打点は歴代2位

23

華やかな若大将「4番サード・原」

三塁手は、迷うことなく原辰徳選手（巨人）です。プレッシャーの大きな巨人の4番打者に座り、通算382本塁打は立派な数字です。〝若大将〟は華やかでしたね。プロ3年目の83年に打点王のタイトルを獲得。順風満帆なプロ生活でしたが、86年に〝炎のストッパー〟津田恒実投手（広島）の剛球をファウルした際に左有鉤骨を骨折。みずから「実質的に打者・原辰徳はあのとき終わりました」と言っていました。「たら、れば」は勝負事に禁句ですが、あのケガがなければ、どんなに凄いスラッガーになっていたのかと思うと惜しまれます。

通算17年の監督生活でリーグ優勝9度、日本一3度。いまや選手より監督としてのほうが実績は大きいかもしれませんが、同年代を生きてきた者として、私には三塁手のイメージが強いんです。

同年代と言えば、巨人－阪神の「伝統の一戦」で原選手とシノギを削った掛布雅之選手は通算３４９本塁打。原選手が獲得できなかった本塁打王のタイトルを３度手にしました。

24

俊足を打撃と遊撃守備に生かした石井琢と野村謙

遊撃手はセンスあふれる好選手が多いですが、あえて２人を挙げます。

前出の横浜優勝時の石井琢朗遊撃手。三塁でゴールデングラブ賞を３度受賞していますが、その後、遊撃でもゴールデングラブ賞を受賞。三塁から遊撃へのコンバートは珍しいです。

通算２０００安打を達成、盗塁王４度を含む通算３

原辰徳

- ●58年7月22日生まれ、神奈川県出身。180センチ、86キロ。右投げ右打ち。内野手
- ●東海大相模高〈甲子園〉→東海大→巨人（80年ドラフト1位～95年）
- ■通算15年＝1697試合1675安打、打率.279、382本塁打、1093打点
- ■打点王1度
- ■MVP1度、ベストナイン5度、ゴールデングラブ賞2度、新人王、オールスター出場11度

58盗塁は、間違いなく球史を代表する名遊撃手でした。宮本慎也遊撃手（ヤクルト）は、石井選手が左打席に入ると、俊足を警戒して、一歩前進守備をしいていました。石井選手の遊撃守備はさすがプロ入りが投手（1勝をマーク）で、捕球後の一塁送球が強かったです。

もう1人は野村謙二郎遊撃手（広島）。野村選

石井琢朗

- 70年8月25日生まれ、栃木県出身。174センチ、78キロ。右投げ左打ち。三塁手、遊撃手
- 足利工高〈甲子園〉→横浜大洋（88年ドラフト外）→広島（09年～12年）
- ■通算24年＝2413試合2432安打、打率.282、102本塁打、670打点
- ■盗塁王4度（通算358盗塁）、最多安打2度
- ■ベストナイン5度、ゴールデングラブ賞4度、オールスター出場6度

野村謙二郎

- 66年9月19日生まれ、大分県出身。176センチ、78キロ。右投げ左打ち。遊撃手
- 佐伯鶴城高→駒沢大→広島（88年ドラフト1位～05年）
- ■通算17年＝1927試合2020安打、打率.285、169本塁打、765打点
- ■盗塁王3度（通算250盗塁）、最多安打3度
- ■ベストナイン3度、ゴールデングラブ賞1度、オールスター出場8度
- ■主な記録＝トリプルスリー

手も通算２０００安打、盗塁王のタイトルを3度獲得。95年には打率3割、30本塁打、30盗塁の「トリプルスリー」を達成しました。俊足というのは、内野安打は増えるし、守備範囲も広くなるし、大きな武器であることを認識させてくれました。

昔の捕手と遊撃手は守り優先。語弊はありますが、打席に入っても〝ワンアウト〟の選手が多かったですが、最近は打てる遊撃手が多いと感じます。

25-1

外野飛球に追いつき投げる由伸、屋鋪、新庄

外野は高橋由伸選手（巨人）。慶応ボーイの洗練されたプレーだけかと思いきや、一生懸命なダイビングキャッチを敢行。ケガをしてシーズン途中リタイアもありました。そこまでしなくてもいいのにというくらいの泥臭いプレーを見せてくれました。ダイビングして捕ったときの内野返球がとにかく素早い。強肩で、コントロールもよく、内野手が捕りやすそうな送球でした。だから送球で走者をアウトにする補殺も多

かったです。ゴールデングラブ賞7度。野球に夢中な高橋選手に、実はとても好感を抱いていました。

屋鋪要選手（横浜大洋ほか）。ゴールデングラブ賞5度。巨人時代の94年日本シリーズ第2戦、ウイニングボールとなる飛球をキャッチして、槙原寛己投手（巨人）の完封をアシストしたのが印象深いです。俊足を生かして、フライキャッチにいつも余裕がありました。

新庄剛志選手（阪神ほか）は、セ・パ両リーグでゴールデングラブ賞計10度。ジャンプの必要がないのにジャンプして捕ったり、本塁への大遠投（悪送球）をしたり。しかし、ファンに「見せるプレー」「魅せるプレー」を意識していたのだと思います。05年のゴールデングラブ賞は外野手部門最多得票で受賞しましたが、「今年の自分のゴールデングラブ賞受賞はおかしい」と、表彰式を欠席しました。よほど守備に自信と誇りがあったのだと思います。

高橋由伸

●75年4月3日生まれ、千葉県出身。180センチ、87キロ。右投げ左打ち。外野手

●神奈川・桐蔭学園高〈甲子園〉→慶応大→巨人(97年ドラフト1位～15年)

■通算18年＝1819試合1753安打、打率.291、321本塁打、986打点

■ベストナイン2度、ゴールデングラブ賞7度、オールスター出場9度

■主な記録＝11打数連続安打、初回先頭打者本塁打シーズン9本(日本記録)

屋鋪要

●59年6月11日生まれ、兵庫県出身。178センチ、75キロ。右投げ両打ち。外野手

●三田学園高→横浜大洋(77年ドラフト6位)→巨人(94年～95年)

■現役18年＝通算1628試合1146安打、打率.269、58本塁打、375打点

■盗塁王3度(通算327盗塁)

■ゴールデングラブ賞5度、オールスター出場1度

新庄剛志

●72年1月28日生まれ、福岡県出身。181センチ、76キロ。右投げ右打ち。外野手

●西日本短大付高→阪神(89年ドラフト5位)→メッツ(01年)→ジャイアンツ(02年)→メッツ(03年)→日本ハム(04年～06年)

■日米通算17年＝1714試合1524安打、打率.252、225本塁打、816打点

■ベストナイン3度、ゴールデングラブ賞10度、オールスター出場7度

■主な記録＝日本人メジャー初満塁本塁打、メジャー1試合5安打

25-2 コンバートで縦横無尽に走り守った飯田、秋山

次点は飯田哲也選手（ヤクルトほか）。西武との日本シリーズで、92年第7戦は石井丈裕選手のセンターへの飛球を追いつきながらも捕り損ねました。あの飛球は飯田選手なら捕れていたはずです。

しかし、翌93年第4戦のスーパーバックホームでリベンジしました。ヤクルトが日本一で、森祇晶さん（巨人→ヤクルト→西武）の選手、コーチ、監督にわたる「日本シリーズ連続制覇」を20年でストップさせた球史に残る1シーンでした。ゴールデングラブ賞も7度受賞しています。

もう1人は秋山幸二選手（西武、ダイエー）。ダイエー時代の99年日本シリーズ対中日の第3戦。ナゴヤドームの高い右翼フェンスをまるでスパイダーマンのごとく駆け上がって飛球をキャッチし、一塁走者も補殺するファインプレーを見せました。第1戦、2戦と連続本塁打を放ち、ＭＶＰの活躍は素晴らしかったです。

飯田哲也

●68年5月18日生まれ、東京都出身。173センチ、83キロ。右投げ右打ち。捕手、二塁手、外野手

●千葉・拓大紅陵高〈甲子園〉→ヤクルト(86年ドラフト4位)→楽天(05年～06年)

■通算20年＝1505試合1248安打、打率.273、48本塁打、363打点

■盗塁王1度(通算234盗塁。27連続盗塁＝92年当時のセ・リーグ記録)

■ベストナイン1度、ゴールデングラブ賞7度、オールスター出場2度

秋山幸二

●62年4月6日生まれ、熊本県出身。186センチ、86キロ。右投げ右打ち。三塁手、外野手

●八代高→西武(80年ドラフト外)→ダイエー(94年～02年)

■通算22年＝2189試合2157安打、打率.270、437本塁打、1312打点

■本塁打王1度、盗塁王1度(通算303盗塁)

■ベストナイン8度、ゴールデングラブ賞11度、オールスター出場18度

■主な記録＝トリプルスリー、サイクルヒット

また、ゴールデングラブ賞11度は、福本豊選手（阪急＝現・オリックス）12度に次ぐ、外野手史上2位の受賞回数です。

飯田選手は捕手から、秋山選手は三塁手から外野手にコンバートされて大成功した代表例です。

26 日米でルールを変更させた「投手・DH」大谷翔平

大谷翔平選手がプロ野球入り（日本ハム）したとき、すでに私は現役審判員を指導する立場にあり、グラウンドレベルでのプレーを目の当たりにすることはありませんでした。ここでは、長年プロ野球選手を見てきた目で、あえて語らせていただきます。

大谷選手が日本のプロ野球入りしたとき、上背は190センチを超えて大きかったですが、体がまだ完全にできておらずヒョロヒョロっとしていました。それでも左打席から左中間に放った打球がそのまま伸びてスタンドインするのには、目を見張るものがありました。

16年に投手として当時日本最速の１６５キロをマーク（21年に巨人チアゴ・ビエイラが１６６キロで更新）。この16年から、投手と野手の両方でベストナイン受賞が認められるようになったのです。40年から77年間続いた日本プロ野球のベストナイン表彰のルールを大谷選手の「二刀流」が変更させてしまったのです。


海を渡った大谷選手はだんだん筋骨隆々となって、現在は服を着ていてもその逞《たくま》しさが一目瞭然です。メジャーで外国選手と比較しても大谷選手のほうが大きいくらいです。メジャーでも最初は左中間に流し打っていた本塁打ですが、いつしか内角高目のストレートを強引に引っ張ってライトスタンドに突き刺さるような打球に変貌を遂げました。「パワーから生まれる技術」とはこういうことなんだなと思いました。

22年には先発投手がＤＨを兼任でき、降板後もＤＨとして継続して出場できる「大谷ルール」が採用されました。「大谷選手の何が凄いか」と言えば、二刀流は確かに凄いです。それはもちろんですが、歴史と権威を誇るメジャーリーグのルールを変えさせてしまったことではないでしょうか。私は「ルール」の世界で生きてきましたので、余計にそう思うのです。

22年、大谷選手は近代野球で初めて「規定投球回と規定打席」を同一シーズンにクリアしました。ベーブ・ルースは１９１８年に「13勝・11本塁打」、１９１９年に「9勝・29本塁打」。大谷選手は２０２１年「9勝・46本塁打」、２０２２年「15勝・34本塁打」、２０２３年「10勝・44本塁打（本塁打王）」です。

２０２３年ＷＢＣ決勝のアメリカ戦前、ミーティングで大谷選手が「(有名メジャーリーガーに）憧れるのはやめましょう」と言いましたが、日本選手の誰かは「有名メジャーリーガーではなく、僕らは大谷選手、あなたに憧れているんだよ！」と心の中でつぶやいていたそうです。

現在はメジャーリーガーまでもがそんな憧れの目で大谷選手（ドジャース）を見つめます。大谷選手がＮＰＢからＭＬＢに羽ばたいたのを誇りに思います。

大谷翔平

- ●94年7月5日岩手県生まれ、193センチ、95キロ。右投げ左打ち。投手兼DH
- ●花巻東高〈甲子園〉→日本ハム(12年ドラフト1位)→エンゼルス(18年)→ドジャース(24年～)
- ■日本投手成績通算5年＝85試合42勝15敗0セーブ、防御率2.52
- ■米国投手成績通算6年＝86試合38勝19敗0セーブ、防御率3.01
- ■日本打者成績通算5年＝403試合296安打、打率.286、48本塁打、166打点、13盗塁
- ■米国打者成績通算6年＝701試合681安打、打率.274、171本塁打、437打点、86盗塁
- ■最多勝1度(日)、最優秀防御率1度(日)、最高勝率1度(日)、本塁打王1度(米)、MVP3度(日1、米2)、ベストナイン5度(日＝投2・打1、米2)、オールスター出場8度(日5、米3)、新人王(米)
- ■主な記録＝16年にNPBのパ・リーグ「投手部門とDH部門」でベストナイン同時受賞。21年にMLBのオールスターで「1番DH・投手」で特別出場。22年から「投手・DH」の同時出場を可能にした。
- ■サイクル安打(米)

〈編集部注〉

・表記の便宜上、MLBのシルバースラッガー賞をベストナインに含めた

INNING

5

マスク越しに見た日本シリーズの攻防

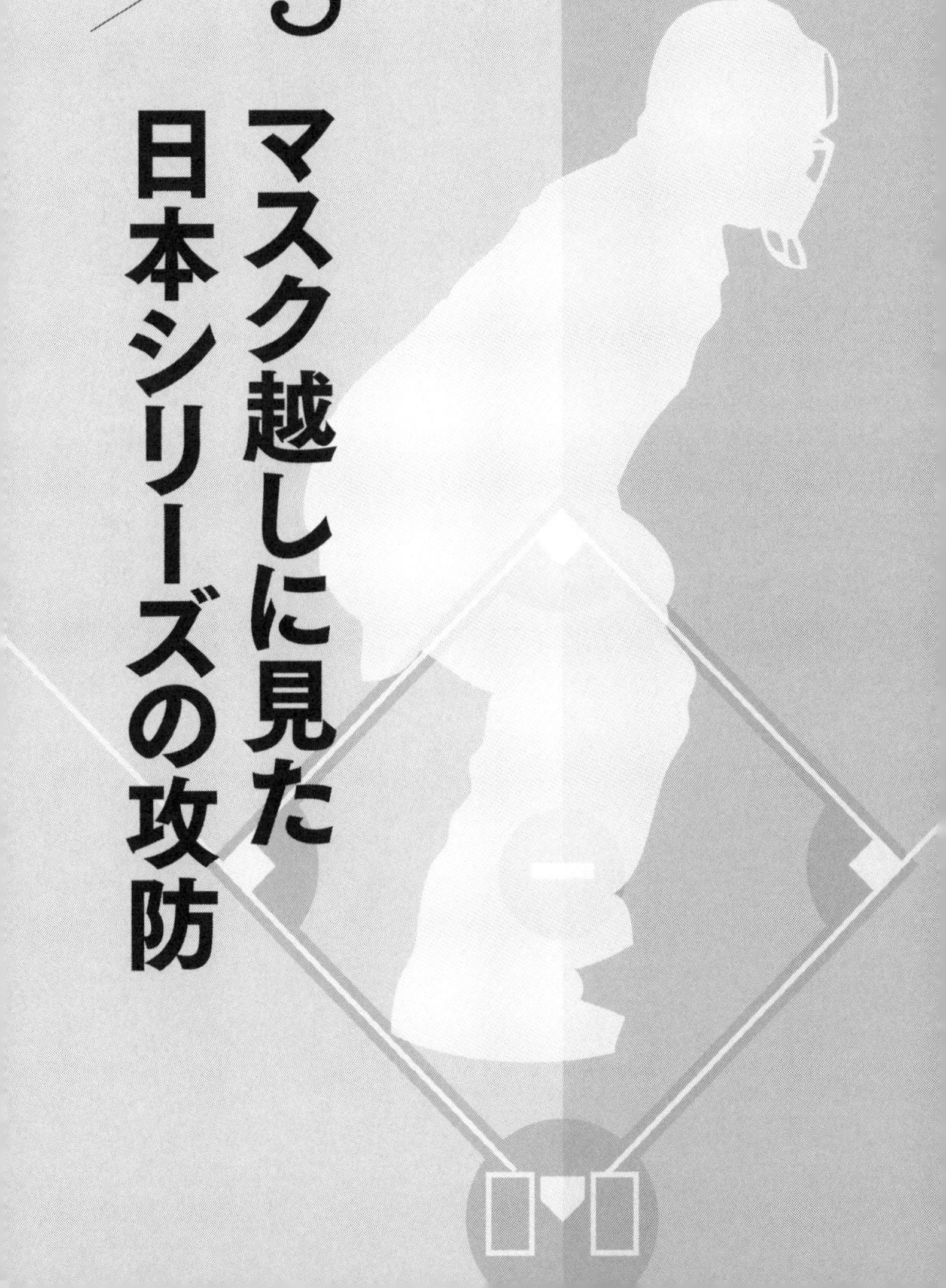

27

89年＝香田完封、巨人3連敗4連勝

私は日本シリーズに12度出場し、うち球審を8度務めています。この8度を中心に、「マスク越しに見た日本シリーズの攻防」を振り返っていきます。

私が日本シリーズ初出場を果たしたのが35歳の89年でした。セ・パ両リーグで全55人前後の審判員の中、当時日本シリーズに出場できたのは各リーグ4人ずつ。選手で言えばその年の「ベストナイン」みたいなものです。

しかも当時は8人（現在は7人）審判がいましたが、7試合制なので3勝3敗1分けで第8戦にもつれこみでもしない限り、まず1人は球審をやれません。しかも「4試合先勝制」ですから、4試合ストレート勝ちで終われば、残り4人が球審をやれないのです。だから「日本シリーズでマスクをかぶる」のは、とても光栄なことなのです。

89年の巨人は藤田元司監督の第2次政権1年目。近鉄は前年のロッテとのダブルヘッダー「10・19」での悔しいV逸を乗り越え、今度は西武とのダブルヘッダーでラル

巨人ー近鉄第4戦（10月25日、東京ドーム／巨人1勝3敗）

近鉄	0	0	0	0	0	0	0	0	0	0
巨人	1	0	0	0	0	3	1	0	×	5

近／●小野（1敗）、池上、木下、山田ー光山、山下
巨／○香田（1勝）ー中尾
本塁打／両チームなし
[球審]セ井野
[塁審]パ五十嵐、セ平光、パ寺本、[外審]セ小林毅、パ小林一
試合時間／3時間5分

フ・ブライアント選手の「1日4発」で勝ち上がって来ました。

　この日本シリーズ、巨人が3連敗後に4連勝した年です。第3戦終了後、勝利投手の加藤哲郎投手（近鉄）がヒーローインタビューで「巨人は（パ・リーグ最下位だった）ロッテより弱い」旨の発言をしました。

　私の日本シリーズ初球審は、その翌日の第4戦だったのです。先発は香田勲男投手（巨人）と小野和義投手（近鉄）。香田投手は大小2つのカーブを持っていて、私が高目の大きなカーブをストライクとコールするたびに、近鉄の選手みんなが身を乗り出して驚いたのです。仰木

彬監督も三塁ダグアウトで私に抗議するような視線を投げかけ、今にも飛び出してきそうな雰囲気でした。

1回裏に犠牲フライで簑田浩二選手（阪急→巨人）が光山英和捕手（近鉄）のブロックをかいくぐる好スライディングで先制しました。マスコミは、こう騒ぎ立てたようです。

「69年の日本シリーズで岡村浩二捕手（阪急）のブロックをかいくぐった土井正三選手（巨人）を彷彿《ほうふつ》とさせる」（Ｐ１３２参照）

結局、5対0で香田投手が完封勝ちしたのをきっかけに巨人は4連勝で大逆転日本一。

第1、2、6、7戦が藤井寺球場で、第3、4、5戦が東京ドームで開催。第7戦、私は一塁塁審を務めたのですが、藤井寺球場はファウルグラウンドが狭く、近鉄の一塁側ダグアウトとの距離がかなり近いのです。「第4戦のお前のジャッジのせいで……」という空気感が伝わってくる中でのジャッジでした。

28

92年＝「ブンブン丸」池山が延長決勝弾

92年の日本シリーズは、森祇晶監督（西武）と野村克也監督（ヤクルト）の「名捕手対決」。その愛弟子である伊東勤捕手（西武）と古田敦也捕手（ヤクルト）の「代理戦争」とも言われました。85年の吉田義男監督（阪神）と広岡達朗監督（西武）の「名遊撃手対決」以上にファンは興味をそそられたのです。

直前の監督会議も腹の探り合いなのか、「牽制球でのボーク」「ハーフスイングでのストライク」の線引きなど、質問が本当に多く、長かったのを覚えています。

リーグ3連覇中で円熟期の西武、14年ぶりリーグ優勝のヤクルト。シリーズ前の予想では、西武圧倒的有利でした。しかし、第1戦でヤクルトの杉浦享選手の代打満塁サヨナラ本塁打、岡林洋一投手の3試合完投で結果的に第7戦までもつれこんだのです（第7戦に勝った西武が3年連続日本一）。

私は第5戦の球審を務めました。ヒジのトミー・ジョン手術から復活した高野光投

西武 ― ヤクルト第5戦（10月23日、西武球場／西武3勝2敗）

ヤクルト	0	0	0	3	2	1	0	0	0	1	7
西武	0	0	0	0	0	5	1	0	0	0	6

ヤ／高野、金沢、○伊東（1勝）―古田
西／渡辺久、小田、新谷、●潮崎（1敗2S）―伊東、大宮
ヤ／ハウエル1号3ラン（渡辺久）、池山1号ソロ（潮崎）
西／デストラーデ3号ソロ（伊東）
[球審]セ井野
[塁審]パ寺本、セ小林毅、パ五十嵐、[外審]セ友寄、パ藤本
試合時間 ／3時間53分

手とそれまで3度最多勝に輝く渡辺久信投手の投げ合いです。「ナベQ」こと渡辺投手はわが「群馬県人」の誇り高き後輩です（笑）。結局、延長10回にフルスイングの「ブンブン丸」こと池山隆寛選手（ヤクルト）が潮崎哲也投手（西武）から決勝本塁打を放ち、西武をうっちゃりました。

とはいえ、潮崎投手の「1度浮き上がってストンと沈み込む」ように見えるシンカーを初めて見ました。このシンカーを参考にして翌93年、高津臣吾投手（ヤクルト）が守護神に定着し、ヤクルトはリベンジを果たすのです。

日本シリーズのＭＶＰは石井丈裕投手（西武）。球審としては投球を見ていませんが、「セ・リーグ打者は打てない」と感じました。なぜなら球の出どころがセ・リーグにはいないタイプのスリークォーターで、武器がパームボールだったからです。早実高時代は荒木大輔投手（ヤクルト）の控えだったというのですから、卒業以来10年たって「雪辱した」のですね。ほかにも郭泰源投手（西武）のストレートは、ひと目見て「速い！」と感じました。

余談ですが、当時、西武球場での日本シリーズで球審マスクをかぶると、レオ人形をいただけました。プロ野球の審判員をやっていて、初めて自分の子どもたちに喜ばれました。

29

94年＝落合と清原の4番対決

「巨人－西武」の日本シリーズは、83年（藤田元司監督－広岡達朗監督）と87年（王

西武－巨人第3戦（10月25日、西武球場／西武1勝2敗）

巨人	1	0	0	0	0	0	0	0	0	1	2
西武	0	0	0	1	0	0	0	0	0	0	1

巨／ジョーンズ、橋本、○石毛（1勝）、S桑田（1敗1S）―大久保、村田真

西／小野、●石井丈（1敗）、杉山 ―伊東

本塁打／両チームなし

［球審］セ井野

［塁審］パ寺本、セ井上、パ五十嵐、［外審］セ小林毅、パ永見

試合時間／3時間20分

貞治監督－森祇晶監督）に続き、90年（藤田監督－森監督）も西武が勝っていました。しかも90年は4勝0敗のストレートです。

それから4年。94年は「長嶋・巨人」がペナントレース最終戦、中日との「10・8決戦」を制して日本シリーズに臨みました。その「10・8」で左太ももを負傷し、第1戦と第2戦を欠場した落合博満選手が第3戦に4番DHでスタメン出場。3番は松井秀喜選手でした。

一方の西武は秋山幸二選手とのトレードで佐々木誠選手（ダイエー）が加入し、清原和博選手との3、4番でした。落合選手も清原

選手も私がマスクをかぶった試合で安打を放ち、大舞台に強いところを見せてくれました。

先発投手は巨人のジミー・ジョーンズ投手（7勝）と、この年に近鉄から西武に移籍した小野和義投手（7勝）。試合は延長10回、巨人が川相昌弘選手の犠牲フライで勝ち越し、2勝1敗としました。

結局、4勝2敗で巨人が日本一となり、MVPはシリーズ2勝を挙げた槙原寛己投手。この年のペナントレースでは完全試合も達成していました。

巨人3勝2敗で迎えた第6戦（東京ドーム）の朝、スポーツ紙各紙に「西武・森監督今季限りで勇退へ」という記事が掲載され、試合前の練習中、東京ドームのオーロラビジョンにも流されました。思えば74年も長嶋茂雄監督の華やかな現役引退の中、森昌彦（のち祇晶）選手はひっそりと引退しました。20年後も長嶋監督初の日本一とは対照的に、9年間で8度リーグ優勝、6度日本一の森監督はユニフォームを脱ぐことになったのです。

そういえば、93年まで日本シリーズはデーゲームで行われ、神宮球場でも西武球場でも木漏れ日の中での試合に風情がありました。この年は平日の試合（第3～5戦＝西武球場）のみ30年ぶりにナイトゲームで開催されました。

30-1

96年＝「栄誉ある第1戦初球審」の初球

プロ野球一年の総決算である日本シリーズ。96年は私が初めて第1戦の球審マスクをかぶらせていただきました。現在の日本シリーズにおける審判員7人のローテーションは、球審→控え→レフト→二塁→一塁→ライト→三塁の順番です。多くの審判員の中から第1戦の球審を務められるのは、身に余る栄誉でした。

先発は斎藤雅樹投手（16勝4敗＝最多勝、勝率・800＝1位、防御率2・36＝1位）と星野伸之投手（13勝5敗、勝率・722＝1位、防御率3・05）のエース

巨人 ― オリックス第1戦（10月19日、東京ドーム／巨人0勝1敗）

オリックス	0	0	0	0	0	0	0	3	0	1	4
巨人	1	0	0	0	0	0	0	0	2	0	3

オ／星野、小林宏、伊藤隆、野村貴、〇鈴木平（1勝）、S平井（1S）―高田誠

巨／斎藤雅、川口、石毛、●河野（1敗）、水野―村田真、杉山、吉原

オ／イチロー1号ソロ（河野）

巨／大森1号2ラン（鈴木平）

[球審]セ井野

[塁審]パ林忠、セ小林毅、パ東、[外審]セ井上、パ山本隆

試合時間／3時間42分

対決でした。

1回表、先頭打者・田口壮選手に対する斎藤投手の初球、内角スライダー。ストライクと言ってもボールと言ってもいい、際どい投球。斎藤投手のスライダーは切れ味鋭い分、本塁ベースに少しかするのか（ストライク）、かすらないままか（ボール）、ジャッジが難しいのです。

語弊があったらご容赦願いたいですが、どちらでもいいのなら始まりは「ストライク！」と大きな声を積極的に出したほうが、経験則的に試合展開としても球審にとっても滑らかに進む

ものです。しかし、私には言えなかった。やはり緊張し、慎重になっていたに違いありません。

四半世紀以上たった何かの席で斎藤投手に会うと、いまだに「井野さん、あれはストライクでしたよね（笑）」と言われます。私服の斎藤投手はいつも笑顔で、穏やかな性格のナイスガイです。小さなことにもこだわらないそうです。あの初球に関してはそれだけ自信があったということなのでしょうね。

斎藤投手の剛球、星野投手の緩やかな投球、対照的な2人でした。斎藤投手は速いストレートと大きなスライダー。初めて見るパ・リーグの星野投手は緩やかな投球の中にもさらに緩急があり、また高低差のある縦割れのカーブとフォークボールが持ち球でした。

試合は延長10回にイチロー選手が、河野博文投手の投球を決勝本塁打しました。見送れば低目のボールだったと思います。勝利を決めにいったのですね。

30-2

96年＝仰木監督とイチローの抗議で辞任覚悟

96年日本シリーズのオリックス－巨人第5戦。球審ではなく、二塁塁審でのジャッジが印象深いので、ここに記すことにします。

オリックスの3勝1敗の第5戦、1対5で迎えた巨人の攻撃4回表一死一、三塁。7番・井上真二選手の打球はセンターの前に飛び、本西厚博選手が前進してつかみました。しかし、土煙が上がったのでワンバウンドキャッチと判断した二塁塁審の私は「ノーキャッチ」のジェスチャーをしたのです。

仰木彬監督がグラウンドに飛び出してきました。

「本西が『捕った』と言ってるんだ。二塁塁審は……、井野か。あの審判代えなきゃ、俺はやらん！」

選手をダグアウトに引き揚げさせたのです。現在では監督会議用の資料に「選手をベンチに下げたら監督は自動的に退場になる」と、明記されています。

オリックス ― 巨人第5戦（10月24日、グリーンスタジアム神戸／オリックス4勝1敗）

巨人	0	0	1	1	0	0	0	0	0	2
オリックス	0	0	5	0	0	0	0	0	×	5

巨／●斎藤雅（1敗）、河野、西山、川口―杉山、吉原
オ／星野、○伊藤隆（1勝）、野村貴、S鈴木平（1勝3S）―高田誠
巨／仁志2号ソロ（星野）
オ／本塁打なし
[球審]セ小林毅
[塁審]パ山本隆、**セ井野**、パ五十嵐、[外審]セ友寄、パ林忠
試合時間／3時間26分

仰木監督が私に不信感を抱いていたのは、89年の日本シリーズが頭にあったのでしょう。近鉄は巨人に3連勝4連敗を喫しています。ターニングポイントとなった第4戦の球審が私でした（P101参照）。だから1つのプレーをきっかけに流れが変わることを危惧していたのでしょう。仰木さんは、89年当時は近鉄監督として、この96年はオリックス監督として、再び巨人に挑んでいたのです。

レフト外審だった友寄正人審判員（58年生まれ、審判員歴通算36年、3025試合出場。のちにNPB2代目審判長）に私は尋ねました。

「どうだった？」

「捕っていました」

「ああ、やっちまったか……」

しかし、監督として選手を引き揚げさせる行為はいけません。当時は私もそれなりにセ・リーグでは経験を積んできていました。〝国民的行事〟でもある日本シリーズの場でトラブルを起こしてしまった私は、真剣にクビを覚悟しました。逆に、それだけの覚悟で日本シリーズに臨んでいます。パ・リーグの先輩審判員と相談しました。

「退場させましょう」

「もう少し待て。仰木監督を説得するから」

「お任せします」

本来、審判はグラウンドから下がってはいけないのですが、私が絡んでは事を荒立てると憂慮し、中断の間に私はトイレを済ませようとしました。偶然隣には中西太ヘッドコーチ（オリックス）がいて、並んで用を足していました。

「おお、井野君。大変だな。今、親分（仰木監督）もカッカしてるが、俺が説得するから。もうちょっと待ってくれや」

先輩審判員の小林毅二さん（46年生まれ、審判員歴通算32年、2898試合出場）、五十嵐洋一さん（46年生まれ、審判員歴通算32年、2821試合出場）らの説得、ご尽力で試合は再開されたのです。

結局、5対2でオリックスが勝って仰木監督初の日本一。95年1月の「阪神・淡路大震災」から復興のシンボルとしてのオリックスは、95年リーグ優勝、96年日本一で、合言葉『がんばろうKOBE』のストーリーを完結させたのです。

あの試合に巨人が勝っていれば、おそらく翌日のスポーツ紙1面で、「井野審判、巨人びいきの判定」と、見出しがデカデカと出たのでしょうね。実際は2面の片隅にベタ記事が載ったぐらいでした。

そういえば、レフトは田口壮選手、センターは本西選手、ライトはイチロー選手という全員がゴールデングラブ賞受賞選手でした

78年阪急（現・オリックス）のバーニー・ウイリアムス選手、福本豊選手、簑田浩二選手。06年日本ハムの森本稀哲選手、ＳＨＩＮＪＯ（新庄剛志）選手、稲葉篤紀選手らと並ぶ、3人ともゴールデングラブ賞の鉄壁の布陣でした。

「捕った、捕った。本西さんは捕ったんだ！」

子供のようにそう声を上げていたのは高卒プロ5年目、まだ23歳、紅顔の美少年のイチロー選手でした。

それにしても当然ながら「リクエスト」がない時代、今初めてＹｏｕＴｕｂｅであのシーンを見てみると……、やはり私のミスですね。止まってプレーを見ないで、走りながらジャッジしているから目線がブレます。基本を疎《おろそ》かにしています。反省点です。

31

97年＝「ドカベン殿馬」的な〝秘打グリップバント〟

97年第2戦は西武が河田雄祐選手の2ランなどで先制した5点を、ヤクルトが小刻

西武 ― ヤクルト第2戦（10月19日、西武球場／西武1勝1敗）

ヤクルト	0	2	1	1	0	1	0	0	0	0	5
西武	5	0	0	0	0	0	0	0	0	1×	6

ヤ／田畑、山本、廣田、加藤、高津、●山部（1敗）、伊藤智―古田
西／潮崎、石井貴、杉山、デニー、橋本、○森慎（1勝）―伊東
ヤ／本塁打なし
西／河田1号2ラン（田畑）
［球審］セ井野
［塁審］パ五十嵐、セ小林毅、パ前田、［外審］セ谷、パ中村
試合時間／4時間45分

みに反撃して同点。最後は延長10回、伊藤智仁投手から田辺徳雄選手のサヨナラ打でした。

　思い出深いのはヤクルト4対5、6回表一死満塁からのドゥエイン・ホージー選手の一打です。振り出したバットのグリップエンドに当たった打球が伊東勤捕手の前に転がり、同点になりました（記録はフィルダースチョイス）。

　グラウンド上の選手もスタンドの観客も、一瞬何が起こったのか分からなかったでしょう。そして私も。杉山賢人投手の投球は、内角高目。伊東捕手が少し中

腰になったので、球審の私からは死角となり、〝ミート〟の瞬間がはっきり確認できませんでした。

球は転がって、走り出したホージー選手が一塁に生きました（1得点、なお一死満塁）。しかし、この球がそんなに転がらず、伊東捕手が一塁に送球してアウトになっていたらどうでしょう（1得点、なお二死二、三塁）。いえ、アウトになることを予想したホージー選手が、例えば「体に当たったからデッドボールだ」と偽りを主張していたら、どうなっていたことでしょう（1得点、なお一死満塁）。

攻撃側からにしても守備側からにしても、抗議を受けたら私は対処に窮したと思います。実際、他球団のある選手が「手に当たったからデッドボールじゃわい！」と偽りを主張することがありました（苦笑）。

ホージー選手が一塁に全力疾走したことで、〝ミート〟の瞬間は見えなくても、「バットに当たったのだな」ということが理解できました。まるで野球漫画『ドカベン』に出てくる殿馬一人の〝秘打グリップバント〟みたいでした。

そう言えば、この第2戦は延長戦で4時間45分の長時間試合。試合途中、電光掲示板に何度も「終電情報」が映し出されていました。実はこの年から西武球場での日本シリーズ（ナイトゲーム）は、審判団がやっと球場近辺に宿泊させてもらえるようになりました。それまでは試合終了後、東京の自宅まで帰宅していて終電が結構気になっただけに、安心して試合に臨めたのも思い出深いです。

32

98年＝あうんの呼吸の〝投球間隔〟

日本シリーズ第1戦の前日に「監督会議」が開かれます。新聞には「昨日、監督会議が行われ、両チームの打ち合わせを無事終了した」と、ベタ記事程度で記載されます。しかし、これが実に大変なのです。喧々諤々《けんけんがくがく》とにかく長くて、2時間は当たり前でした（P136参照）。

西武 ─ 横浜第5戦（10月24日、西武球場／西武2勝3敗）

横浜	1	1	2	3	0	0	0	3	7	17
西武	0	0	1	1	0	0	0	3	0	5

横／○斎藤隆（2勝）、五十嵐、佐々木―谷繁

西／●横田（1敗）、森、竹下、新谷―中嶋、和田

横／ローズ1号2ラン（新谷）

西／鈴木健1号ソロ（五十嵐）、ペンバートン1号2ラン（五十嵐）

［球審］セ井野

［塁審］パ五十嵐、セ友寄、パ藤本、［外審］セ小林毅、パ永見

試合時間／4時間15分

出席者は出場チームの球団代表、監督、コーチ2人、マネージャーの5人ずつ。NPB側はコミッショナー、事務局長、規則委員、審判長、各リーグ連盟職員、審判員全員、記録員。しかし、実際に会議で発言できるのは審判長と各リーグ連盟職員くらいなので、それ以外の審判員はずっと黙って聞いているだけ（けっこう苦痛）なのです。

98年の権藤博監督（横浜）と東尾修監督（西武）の日本シリーズ監督会議は、和気あいあいとした雰囲気の中、約30分で終わりました。

「おお東尾、頑張ろうな」

「はい、よろしくお願いします！」
「審判さん。ルールのことは任せるから、よろしく頼むよ」
「ピッチャーの素晴らしい球がバシッと決まったら（広目に）ストライクを取ってくれよ」

さすが男気の権藤監督（P28参照）、また好投手同士、リズムよく、〝投球間隔〟はあうんの呼吸。あんなに短い監督会議は初めてでした。

さて、『週刊ベースボール』の記者は、雨天中止や試合が長引いて引き分けになりそうだとハラハラするそうです。なぜなら同誌は通常、第7戦がある日曜日夜まで取材して、月曜日中に作業、印刷して「水曜日発売」（東京の一部のみ火曜）と決まっているからです。全日程が日曜日までに終了しないと、全結果が入った内容は必然的に翌週発売の号まで繰り越されてしまうそうです。

日本シリーズは基本的に第1戦土曜日、第2戦日曜日、第3戦火曜日、第4戦水曜日、第5戦木曜日、第6戦土曜日、第7戦日曜日で、雨天順延と決まっています。

この98年は、横浜（横浜スタジアム）、西武（西武球場）とも屋外球場。雨天順延が2試合あって、結果的に第1戦（雨天順延）日曜日、第2戦月曜日、火曜日は移動日、第3戦（雨天順延）木曜日、第4戦金曜日、第5戦土曜日、日曜日は移動日、第6戦月曜日でした。もちろん観客も「土日なら観戦できるけれど、順延したら仕事の都合で平日は観戦できない」人など、大変ですよね。

私が球審マスクをかぶったこの第5戦は大差にもかかわらず、守護神・佐々木主浩投手が登板しました。なかなか出番がなかった佐々木投手は、この第5戦に登板して肩ならしをしないと、第1戦に登板して以来、第6戦まで中7日になってしまうからです。第6戦に僅差で登板した佐々木投手は、チーム38年ぶり日本一胴上げ投手の栄誉に浴しました。

33

99年＝ホットな王監督、クールな星野監督

99年日本シリーズは「王貞治・ダイエー」と「星野仙一・中日」の対決でした。この99年は、私が球審を務めた第2戦そのものよりも、星野仙一監督が監督会議でも穏やかだった印象のほうが思い出深く残っています。逆にこの99年はダイエー・王貞治監督が初のリーグ優勝に続いて日本一をめざし、ギョロッとした怖い目をしていました。

星野監督はペナントレースでは毎試合熱いのですが、日本シリーズ進出はペナントレース優勝に伴う「ご褒美《ほうび》」的な意識が強いのでしょうか。88年中日監督（対西武・森祇晶監督）、03年阪神監督（対ダイエー・王監督）、13年楽天監督（対巨人・原辰徳監督）時代も静かでした。日本一になったのも13年だけです。

99年第2戦、10勝の若田部健一投手と8勝の川上憲伸投手の投げ合い。2人とも好投手でした。立浪和義選手の先制2点タイムリーで、中日が優位に試合を進めました。

ダイエー — 中日第2戦（10月24日、福岡ドーム／ダイエー1勝1敗）

中日	2	2	0	0	2	2	0	0	0	8
ダイエー	1	0	0	0	0	0	0	1	0	2

中／○川上（1勝）、落合—中村
ダ／●若田部（1敗）、佐久本、吉田、藤井、ヒデカズ、山田—城島
中／本塁打なし
ダ／秋山2号ソロ（川上）
［球審］セ井野
［塁審］パ林、セ友寄、パ中村、［外審］セ橘高、パ小寺
試合時間／3時間30分

翌第3戦、秋山幸二選手がナゴヤドームの高いライトフェンスをスパイダーマンのように駆け上がって飛球をキャッチし、その後一塁走者も補殺するというファインプレーを披露したシリーズ。4勝1敗でダイエーが悲願の日本一。MVPは秋山選手（P92参照）、敢闘賞は川上投手でした。

34

00年＝「ONミレニアム対決」球審の僥倖《ぎょうこう》

私が中学生のころ、テレビ中継はやはり巨人戦が中心でした。もちろん長嶋茂雄選手、王貞治選手の大ファンでした。

「巨人軍は永久に不滅です！」

74年長嶋選手引退のあの名台詞《めいせりふ》、75年長嶋監督就任のあと、私は巨人の本拠地・後楽園球場でセ・リーグ審判員試験を受けたのです。

だから00年の日本シリーズ「長嶋・巨人」対「王・ダイエー」の「ＯＮミレニアム対決」は、実に感慨深い思いでジャッジしました。少しでも野球をかじったことがある人間にとって、ＯＮは雲の上の人。ユニフォームと球審用マスク。立場は違えど、ＯＮ対決の日本シリーズにおいて、憧れの人たちと同じグラウンドに立てた。

一塁と三塁のダグアウトからＯＮの視線を感じながら試合を裁けたのは、自分をほめてやりたい気持ちでいっぱいでした。審判冥利に尽きました。

ダイエー — 巨人第5戦（10月27日、福岡ドーム／ダイエー2勝3敗）

巨人	0	1	0	0	1	0	2	2	0	6
ダイエー	0	0	0	0	0	0	0	0	0	0

巨／○高橋尚（1勝）—村田真

ダ／●若田部（1敗）、篠原、斉藤和—城島

巨／高橋由2号ソロ（若田部）、江藤2号ソロ（若田部）、村田真1号2ラン（若田部）

ダ／なし

［球審］セ井野

［塁審］パ中村、セ小林毅、パ佐藤、［外審］セ谷、パ橋

試合時間／2時間40分

大打者出身のON対決にふさわしく、両チームとも重量打線でした。

第5戦は、巨人が1番（二）仁志敏久、2番（左）清水隆行、3番（一）清原和博、4番（中）松井秀喜、5番（指）ドミンゴ・マルティネス、6番（右）高橋由伸、7番（三）江藤智、8番（遊）二岡智宏、9番（捕）村田真一、（投）高橋尚成。

ダイエーは1番（中）柴原洋、2番（左）大道典良、3番（指）メルビン・ニエベス、4番（三）小久保裕紀、5（一）松中信彦、6番（捕）城島健司、7番（右）秋山幸二、8番（遊）井口忠仁、9番（二）鳥越裕介、（投）若田部健一。

巨人の先発は新人左腕の高橋尚成投手。ペナントレースでは9勝を挙げていましたが、「巨人での初先発初勝利」は66年堀内恒夫投手以来だったそうです。そして、この「日本シリーズ初登板完封勝利」は新人初の快挙でした。

１４５キロ前後のストレートにカーブ、スライダー、シンカー、フォークボールを織り交ぜて、12奪三振、無四球の見事な完封劇。ダイエーの１試合２安打も当時の最少安打記録でした。高橋投手はのちにメジャーでも１年目10勝。「初めて」に強いんですね。

結果は巨人が２連敗のあと４連勝。ＭＶＰは松井秀喜選手でした。日本一が決まった第６戦の球審を務めた橘修審判員（47年生まれ、審判員歴通算25年、２３７６試合出場）も感無量のことだったと思います。

巨人を飛び出した三原脩監督が、九州の野に下って、西鉄「野武士軍団」を作り上げ、「水原茂・巨人」を３年連続して打倒する。そんなストーリーも彷彿とさせましたが、実際の監督会議は和気あいあいで、何かお祭りムードでした。しかし内心は、王監督の胸に燃えたぎるものがあったかもしれません。きのうのことのようですが、もう四半世紀近くもたつのですね。

INNING 6

伝説の日本シリーズ

35

74年の歴史における伝説的ジャッジ3つ

2リーグ分立の１９５０年に始まった日本シリーズは、23年まで74度を数えます。〝伝説的なジャッジ〟を紹介しましょう。

まず、円城寺満審判員（１９０８年生まれ、審判員歴通算21年、２３７３試合出場）です。

61年日本シリーズ巨人―南海第4戦（後楽園球場）。巨人の2勝1敗、1点ビハインドの9回裏二死満塁。ジョー・スタンカ投手が、宮本敏雄選手を2ストライクと追い込んで投じた真ん中低目の際どい投球を、円城寺球審は「ボール」とジャッジ。勝ったと思った野村克也捕手と鶴岡一人監督が抗議するも判定は変わらず、試合再開後に宮本選手がライトに逆転サヨナラタイムリーを放ちました。

このときスタンカ投手は本塁バックアップに入ると見せかけて円城寺球審に体当たり。試合終了後、南海ナインは円城寺球審に猛抗議。結果的に巨人は6年ぶり日本一を奪回しました。

「円城寺あれがボールか秋の空」（詠み人知らず）

「ストライクともボールとも取れる微妙な球だった。円城寺さんが体を悪くして審判を辞められた。あるいは間違ったかな、という気になられたのではなかろうか」（鶴岡）

円城寺審判員は83年に75歳で亡くなられました。

その日本シリーズでのプレーを、ちょうど30年たった90年に野村監督（当時・ヤクルト）に野球記者が尋ねたそうです。

「見逃しストライクで勝ったと思った瞬間、尻を少し浮かせた。際どいところだったが、ワシがドッシリ構えて捕っていれば円城寺球審はストライクと言っていたかもしれない。０・１秒早かった。悔やんでいる」

円城寺審判員がその言葉を伝え聞いていたら、きっとお喜びになっていたでしょう。

審判員は滞りなくやって当たり前。「きょうの審判、誰だったの？」と言われるのが最高のほめ言葉。微妙なジャッジをくだしたときだけ名前が取り沙汰される。それだけ神経を磨り減らす職業なのです。

次に岡田功審判員（31年生まれ、審判員歴通算36年、３９０２試合出場）です。69年日本シリーズ巨人－阪急第４戦（後楽園球場）。ダブルスチールで三塁走者・土井正三選手（巨人）の左足が岡村浩二捕手（阪急）のブロックでアウトと思われたが、「セーフ」のジャッジ。岡村捕手は右手で岡田球審に殴りかかり、退場処分。しかし、ブロックの隙間に土井選手が左足を伸ばしてセーフだったことが、翌日の報知新聞の写真で証明されました。巨人は日本一Ｖ５を飾りました。

３人目は富澤宏哉審判員（31年生まれ、審判員歴通算35年、３７７５試合出場）です。

78年日本シリーズのヤクルト－阪急第７戦（後楽園球場）。４番・大杉勝男選手（ヤクルト）が足立光宏投手（阪急）の内角シュートをレフトポール際へ運びました。

レフト外審だった富澤審判員は本塁打と判定しましたが、上田利治監督（阪急）がファウルと主張、抗議は１時間19分に及んだのです（編集部注／実際はファウルではないかと言われる）。大杉選手は次打席で、山田久志投手（阪急）から今度は左中間に本塁打。ヤクルトは球団創設29年目にして初の日本一となりました。

富澤審判員は59年の天覧試合、巨人－阪神戦（後楽園球場）でのレフト外審でもありました。長嶋茂雄選手が村山実投手（阪神）からレフトへサヨナラ本塁打。村山投手いわく「あれはファウルだ！」。阪神の後輩だった江夏豊投手は「俺は１回や２回どころか１００回以上ファウルだと聞いたよ」。打球は完全に本塁打だったのですが、それだけ長嶋選手や巨人に負けたくなかったという村山投手の気概だったそうです。

36

23年宮城の潔い態度に思ったこと

23年日本シリーズのオリックス－阪神戦で、印象的だったのは第２戦（京セラドーム大阪）です。

球審の右打者内角低目のストライクゾーンが狭く、左腕・宮城大弥投手（オリックス）のクロスファイヤーの内角ストレート、右腕・西勇輝投手（阪神）の内角シュートが、いずれもボールと判定されたというものです。

解説者の中には、こんな辛辣《しんらつ》な意見を述べる人もいました。

「あんな審判員が日本シリーズに出てきたら困る。あんなにストライクゾーンが狭かったら試合にならない」

しかし、新聞記者にその件に関して問われた宮城投手はこう答えたのです。

「球審の判定が厳しいとか甘いとかじゃなくて、阪神さんのほうにも同じようなストライクゾーンです。だから、僕は自分の投球をするだけでした」

あのコメントを聞き、そういう感覚の選手が増えてきたのかと思い、私は嬉しく思いました。ストライクゾーンが厳しくても甘くても、試合を裁いている球審を途中で代えることはできません。

メジャーでは判定がすべてではありません。1球1球のボール、ストライクのジャッジはもちろん大切ですが、それ以上に両軍ベンチの間に立っての試合進行が大切です。１試合を通してのマネジメント能力が問われます。そして選手たちもそれを理解しているのです。

例えば、投球を捕球して捕手が投手に返球する。その時点でやっと「ボール」とコールされても、メジャーの捕手は「あれ、ボールなの。ま、仕方ないか」といった雰囲気で、意に介しません。試合は淡々と続きます。

昨今は極端な話、こんな声さえ聞こえてきます。

「リクエストをはじめ、これだけ機械化が進むのならアウトやセーフだけじゃなく、いっそのことボール、ストライクのジャッジもＡＩに任せてしまえばどうだろう。今さら審判員が人間である必要はあるのか」

事実、韓国プロ野球界では、今年から「ロボット審判」が導入されました。私は一度、機械に全部やらせてみるのもいいと思います。なぜなら必ず「やはり人間の審判員が必要だよね」という結論に達すると思うからです。

37

〝牽制球〟で長時間試合になる「監督会議」

「長い」と評判だった、日本シリーズ前の「監督会議」がどういうものかお話しします。

まず、コミッショナーの開会の辞に始まります。

「今回の日本シリーズ、両リーグを代表してフェアプレーで熱い戦いを見せてください」

続いてＮＰＢ事務局長が「今回の日本シリーズは、こういうふうになっています」と概要説明。

そのあと規則委員が「今回の規則について説明します」。私はＮＰＢ審判長を退いたのち、規則委員としても出席した経験があります。事前に両チームに日本シリーズ必要書類を渡していますが、大事なところはやはり、セ・パ両リーグのすり合わせをするのです。

かつてはＤＨ制など、リーグ特有の規則がありました。05年からセ・パ交流戦が開始されてセ・リーグの各チームもＤＨ制を理解しています。ただ、現在においてもセ・パ交流戦と日本シリーズのＤＨ制採用は、パ・リーグ本拠地球場に限られています。

日本シリーズ開幕球場はセ・パ1年おきですが、23年のようにパ本拠地球場から開幕のときは「第1、2、6、7戦がＤＨ制採用ですよ」と、念のため説明をするわけです。

すり合わせをしていくと、「規則について審判団はどういうふうに考えていますか」という〝牽制球〟（質問）が監督から飛んでくるのです。

94年の長嶋茂雄監督（巨人）と森祇晶監督（西武）、96年の長嶋茂雄監督（巨人）と仰木彬監督（オリックス）の監督会議は長かったです。巨人に対するライバル心。それだけ巨人がユニフォーム組を含めた世間からの注目度が高い裏返しなんでしょう。

それとは別に92年、93年の野村克也監督（ヤクルト）と森監督（西武）の、丁々発止の舌戦は長かったです。〝策士〟と呼ばれた監督同士の対決でした。やれ「A投手の一塁牽制球について、セ・リーグではボークに取られているけど、パ・リーグでは取っていませんが、これはどういう見解ですか」、やれ「B投手のセットポジションの際の完全静止が、少し緩いんじゃないでしょうか」ｅｔｃ.。要するに、監督会議から「日本シリーズの戦い」が始まっているわけです。

「出場する審判員の打ち合わせにおいて、すでにそのような『各選手のプレイに関する確認』『ストライクゾーンの確認』『ハーフスイングの確認』『開催球場のグラウンドルールの確認』は済ませて、審判員全員が同じ認識を共有しています」

リーグ連盟職員がそう説明しても、両チームからの再質問が相次いだのです。

あるときから規則委員の丸山博さん（32年生まれ、審判員歴通算31年、３５１５試合出場）が、監督に個別に事前説明をするようになって以降、やっと監督会議が40分で終わるようになりました。

INNING 7

審判の存在意義

38

「85年優勝ウイニングボール」の渡真利審判員

06年4月21日の巨人－阪神戦（東京ドーム）で、先発は上原浩治投手（巨人）と井川慶投手（阪神）。4回裏、渡真利克則球審が不整脈で倒れました。矢野燿大捕手（阪神）に後ろから覆いかぶさるようにヒザから崩れ落ちたのです（62年生まれ、審判員歴通算14年、５８９試合出場）。

巨人と阪神のトレーナーが駆けつけ、渡真利審判員はタンカで運ばれました。

さて、本来こういう事態では二塁塁審が球審に交代するのですが、責任審判で三塁塁審だった私が代わりにマスクをかぶったのです。

延長11回裏一死、第70代巨人の4番打者・李承燁《イ・スンヨプ》選手が久保田智之投手から逆転サヨナラ2ラン本塁打を放ちました。

1ボール2ストライクからの久保田投手の際どいフォークボールを私は「ボール」とジャッジしました。そのあとの投球を李選手がレフトスタンドに運んだのです。際どいコースの1球1球のジャッジによって勝敗が左右されるのを、私自身再認識しました。

渡真利審判員は元阪神の選手で、85年阪神リーグ優勝時、中西清起投手がさばいたゴロのウイニングボールを、一塁手としてつかみました。そして現役引退後、93年からセ・リーグ審判員に転身していたのです。

選手としても、審判員としても、「伝統の一戦」の重圧は経験済み。とはいえ、特に東京ドームでの巨人－阪神戦は注目度がかなり高く、常にテレビに映し出される球審や一塁塁審にとって、とてつもないプレッシャーがかかるカードなのです。命が無事で本当によかったと思います。

復帰をめざした渡真利審判員でしたが、結果的にこの試合を最後に審判員を引退となりました。セ・リーグ連盟関西事務所職員を経て、甲子園球場の整備で知られる阪神園芸に10年から再就職。85年以来実に38年ぶりとなった、23年の阪神日本一を喜んでいると思います。

39

「俺がルールブックだ」と言い切れるバックボーン

かの昔１９５９年（昭和34年）、二出川延明審判員（１９０１年生まれ、審判員歴通算24年、２３２９試合出場）の伝説の逸話です。

「同時はセーフだ。ルールブックにも書いてある」

「ルールブックを見せてくれ」

三原脩監督（西鉄）との押し問答に対し、最後に二出川審判員から「俺がルールブックだ」の台詞《せりふ》が飛び出したのはあまりに有名です。審判員は「ルールの番人」であることを誇示しました。

打者（走者）アウトの規則として「打者が第３ストライクの宣告を受けた後、またはフェアボールを打った後、一塁に触れる前に、その身体または一塁に触球された場合」（公認野球規則5・09a10）とあるので、論理的に「同時はセーフ」となるのです。

一方で、二出川審判員は、34年ベーブ・ルース（ヤンキース）が来日した日米野球の代表選手であり、のちの巨人軍初代主将として、「背番号1」を背負いました。巨人時代の同僚の三原脩選手より10歳先輩で、「天下の二出川さん」だからこその発言なのです。

二出川さんは審判員としてもご高名な方でした。実際にお目にかかりましたが、プロ野球未経験でぺーぺーの未熟者だった私は恐れ多くて、そういった歴史上の出来事に関して話を聞くどころか、口もきけない大先輩でした。

私がまだ「新米・球審」の82年頃、ヤクルト－中日戦（神宮球場）。本塁でのクロスプレーで、中尾孝義捕手（中日）が走者にタッグ（タッチ）したかどうか微妙だったので、私はセーフにしました。

近藤貞雄監督（中日）が出てきて、「オイッ！」と少し小突かれました。しかし、私は退場にしなかった。いえ、できなかった。1軍2度目の球審だったので、退場にする勇気がなかったんです。

「退場」とコールするということは、みずからのジャッジに対して確固たる自信と信念がないとできません。コールするタイミングも重要です。抗議終了後、当該人物を追いかけていって「退場！」を宣告するのもおかしなものです。

退場処分の理由として「審判員への暴行」は簡単です。審判員を小突いたりすれば誰の目にも明らかですから。問題は「審判員への暴言」に対する「基準」です。どこまで以下が暴言ではなく、どこから以上が暴言なのか。

「今、何て言いました？」

「下手クソだから下手クソって言ったんだ」

そう尋ねれば、必ずそう返ってきますけれどね（苦笑）。

40

退場は試合進行におけるプロ野球の日常？

長い間、「退場」処分自体が日本のプロ野球界において、審判員にとっても相手チームにとっても一種の「禁句」であり、認められている「行為」ではなかったのです。なぜなら「何か悪いことをしたから退場」というイメージが日本の中で色濃かったからです。

抗議を受け退場処分に至るのは、その前に未熟な審判員がミスジャッジをしたのが発端。そういう考えが両者の思考の根底にありました。

だから退場処分は、ともすれば審判員の恥の上塗りになりかねません。しかも退場処分以降、審判員個人と相手チームとの「闘い」が尾を引く危険性もはらんでいます。だから、審判員は退場処分を避けたかったのです。

多くの先輩審判員たちから諭《さと》されていました。

「1軍の審判員になって給料が上がるのは、激しいヤジ、抗議を受ける分だと思え」

「セ・リーグ事務所に顔を出し、退場処分に伴う報告書をこまごまと書いて、さらに当該チームから厳しい言葉を浴びせられる。大変だ。ならば若いうちは我慢して、一流審判員になってから見返してやれ」

ところが私と鷲谷亘審判員（56年生まれ、審判員歴通算18年、１１０１試合出場）がアメリカのビル・キナモン審判学校に研修留学し（81年）、野球の審判員のあり方、退場宣告について学んだのです。

「退場処分というのは、審判が試合を進行運営する上で、それを妨げる監督、コーチ、選手を排除するものであり、例え判定ミスがあったとしても別物として考えないといけない。最後に抜く『伝家の宝刀』ではなく、ごく日常的に起こりうる行為なのだ」

それでも、なかなか退場宣告はできない時代が続いたわけです。現在のＮＰＢで「プレーへのジャッジと試合進行は別物である」という風潮を作り、浸透させつつあるのは、毎年シーズンオフに開催される「ＮＰＢアンパイア・スクール」だと思っています。

41

星野監督、島野コーチの「対審判」への言動

先述の二出川審判員、島秀之助審判員（1908年生まれ、審判員歴通算24年、2605試合出場）、苅田久徳審判員（1910年生まれ、審判員歴通算5年、547試合出場）。この3人のように、選手や監督として功なり名を遂げてから審判員に転身した人ならともかく、かつての審判員は、〝志半ばの選手〟出身が多かったのです。

それでも、久保田治審判員（34年生まれ、審判員歴通算29年、2852試合出場）などは、東映（現・日本ハム）の投手としてかなりの実績の持ち主でした（通算307試合80勝。61年にシーズン25勝、62年に「最優秀防御率」のタイトル獲得、オールスター出場2度）。

審判員に欠員が出た場合、セ・パ両リーグ事務所が各球団に「どなたか審判員として推薦する方はいますか」と打診。それを受けて、球団が「〇〇選手、来年は選手として契約しない予定だが、審判員はどうですか」と声掛けする流れがありました。

だから「選手として実績を残せなかったのだから、偉そうなことを言えない」という潜在意識が「選手出身審判」にあるのかもしれません。

メジャーリーグのアンパイアは、アンパイア・スクールで技術の研鑽《けんさん》を積み、審判員仲間の厳しい競争を勝ち上がり、監督や選手からリスペクトを受ける存在です。だから日本でもアンパイア・スクール設立の必要性が急務だったわけです。

少し話はそれますが、審判員が選手を呼ぶとき、私は年上に対しては○○さん、年下に対しては○○選手、○○君。年下の選手がコーチや監督になったら、やはりその役職を付けて呼びました。同じプロ野球界の運命共同体といえども、「親しき仲にも礼儀あり」です。そして立場が違うのですから、一線を画すべきです。逆もまたしかりでしょう。

野球名門校出身の審判員で、母校の後輩プロ野球選手を呼び捨てにしている人もいましたが、審判員と選手は立場が違うので、呼び捨てはやはり不適切です。

さて、後述する〝横浜スタジアム「審判員集団暴行」事件〟（Ｐ１５２参照）の島野育夫コーチは「野村克也・南海（現・ソフトバンク）」の「1番・センター」として73年61盗塁、ダイヤモンドグラブ賞（現・ゴールデングラブ賞）で野村南海の初優勝に貢献しました。

76年には江夏豊投手と江本孟紀投手の交換トレードに伴い阪神に移籍、その後コーチになりました。

そして島野コーチは、のちに星野仙一監督の参謀として、中日時代、阪神時代の優勝に卓越した手腕を発揮しました。

しかし星野監督、島野コーチともに、こと「野球における審判」そして「選手」に対する〝ファイティングスピリット〟的な言動は、正直ほめられるものではありませんでした。公平なルールにのっとって行われるスポーツは、ケンカではありません。今後の野球界発展のために読者の誤解を恐れず、これを明記する覚悟です。

野村克也監督は「ワシは戦争帰りの監督に何かあればビンタ、正座をさせられた。

プロは選手がたくさんいるのだから、イヤなら代えればいい。使わなければいいだけの話や」。

落合博満監督も就任時、「選手に手を上げたら、契約を解除する」旨をコーチ陣に一筆書かせたそうです。

一方で、星野監督は選手の「セカンドキャリア（再就職）」の世話など、アフターフォローの気遣いに素晴らしい人間味あふれる方だったと聞きます。これも併記したいと思います。

INNING 8

退場劇

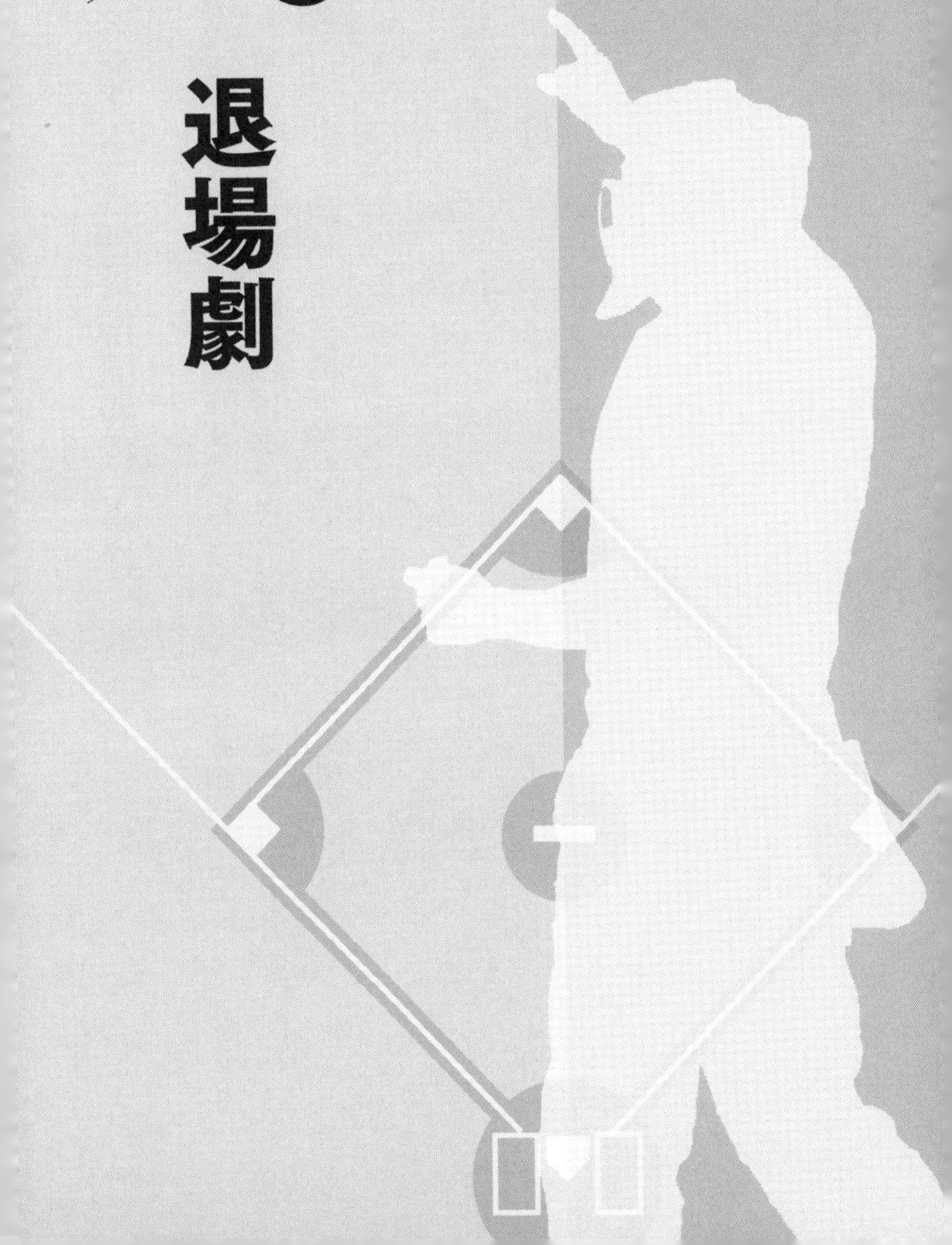

42

横浜スタジアム「審判員集団暴行」事件

06年にWBC（ワールド・ベースボール・クラシック）が始まり、いわゆる「侍ジャパン」が結成されました（呼称は13年から）。以降、自主トレなど選手間の交流が盛んになり、さらに死球による乱闘事件も減り、それに伴う退場処分もかなり減少しました。

退場処分の「理由」は、以下の7つに大別されます。

・審判員への暴行
・審判員への暴言
・審判員への侮辱行為
・選手、コーチ間のトラブル
・危険球
・観客とのトラブル
・遅延行為

思えば82年8月31日横浜大洋－阪神戦（横浜スタジアム）。藤田平選手（阪神）が打った三塁線上への飛球落球がファウルと判定されました。（編集部注／フェアと判断した）島野育夫、柴田猛両コーチ（阪神）が激昂《げっこう》。三塁塁審と球審に対して殴る蹴るの暴行事件を起こしました（セントラル野球連盟から「無期限出場停止」処分）。

スポーツにおいて公平な立場の審判員に対してはもちろん、人への暴行は、言語道断の蛮行です。夏休み最終日の事件でした。

43

ガルベス「審判員へのボール投げつけ」事件

98年7月31日、阪神－巨人戦（甲子園球場）。バルビーノ・ガルベス投手（巨人）が、審判団にボールを投げつけたことがありました。ガルベス投手は、ともにチーム最多の96年16勝（リーグ最多勝）、97年12勝を挙げていました。ことの発端は、坪井智哉選手（阪神）への投球が「ボール」とジャッジされ（不服の態度を示す）、そのあと坪井選手に本塁打を浴びたことでした。

長嶋茂雄監督に交代を告げられ、ダグアウトに戻る途中、あろうことか審判団の方向にボールを投げつけたのです。ボールは大きくそれ、大事には至りませんでしたが、怒る審判団と止める巨人選手たちの大騒動に発展しました（「審判員への暴言」を理由に退場）。

2日後の阪神－巨人戦で、今度はデッドボールが原因で選手同士の乱闘事件があって、その2日後に長嶋監督が頭を丸刈りにして謝罪の意を示したのです。

「何らかの形でファンや関係者にお詫びしなくてはならない」

長嶋監督のあの謝意には私も驚きました。しかし、ガルベス投手はその後、こう主張したらしいです。

「あれは審判に投げたんじゃない。ボールボーイに返したんだ」

あるプロ野球記者が当時の巨人の選手に対しての取材時、たまたまガルベス投手のその一件に話が及んだそうです。そして、選手はこう言ったようです。

「彼は審判員と少し違うところに投げたのだし、あんなの全然当たりませんよ」

「それは……、当たるとか当たらないの問題ではありません。いやしくも投手が商売道具であるボールを、試合を裁く審判員のいる方向に投げる行為自体が、人としていけないのです」

選手の気分を損ねて取材拒否につながる恐れがあったのだけれど、野球人としてピントの外れた発言に対し、その記者は黙っていられなかったそうです。私はその話を聞いて、選手の審判員に対する意識とは、やはり多かれ少なかれそんなものなんだなと感じました。

44

殴打の前科で、恐怖のブラッグス

私が34年間の審判員生活において退場させたのは、計7度です。

１９９５年グレン・ブラッグス選手（横浜）、２００１年森祇晶監督（当時・横浜）、04年マーク・キンケード選手（阪神）、04年タフィ・ローズ選手（当時・巨人）、06年マーティ・ブラウン監督（当時・広島）、07年古田敦也プレーイングマネージャー（ヤクルト）、07年岡田彰布監督（阪神）です。

ブラッグス選手は、93年津野広志投手（中日）からの死球、94年与田剛投手（中日）からの死球に端を発した乱闘事件を起こしました。退場処分の理由はいずれも「選手、コーチ間のトラブル」です。ただ死球とはいえ、２度とも乱闘に発展するほどの投球ではありませんでした。

特に与田投手のときは顔面を何度も殴打しました。それゆえ、素行がよくないことはセ・リーグ審判員の中での共有事項でした。

95年5月28日の阪神―横浜戦（甲子園球場）。久保康生投手（阪神）のカウント２―２からの外角低目の投球にブラッグス選手はバットを途中で止めました。球審に「スイングか否か」を問われた一塁塁審の私は「スイングで三振」のジャッジをしたのです。

ブラッグス選手は激昂《げっこう》して打席から一塁に向かってきました。１９３センチ、１００キロの巨体で、１８０センチの私を見下ろすような格好になりました。鼻の穴が大きく見えて、思わず吸い込まれそうでした。

日本語で「くそったれ！」という意味の英単語を発したので、「審判員への暴言」を理由に退場にしました。これが私のくだした初めての退場処分です。

「投球がストライクかボールか、審判員の判断に基づく裁定は最終のものであるから、プレーヤーがその裁定に対して、異議を唱えることは許されない」（公認野球規則8・02 a）

しかも、ブラッグス選手はバッティング手袋を取って、私に投げつけました。ただ、メジャーを経験した選手は「ベースボールゲームで審判に暴力沙汰を起こしたら、永久追放になる」ことを知っていますから、絶対に手を出しません。手を出すのは日本の監督、選手くらいですね（苦笑）。それでも与田投手を殴打した一件があったので、正直とても恐ろしかったです。

45

大監督・森。プロ35年目の初体験

森祇晶監督は、86年からパ・リーグで西武監督を務め、9年間で8度のリーグ優勝、しかも日本一6度という球史に残る大監督です。セ・リーグの横浜では01年3位、02年最下位でした。

01年8月16日のヤクルト－横浜戦（神宮球場）。延長12回表0対0。佐伯貴弘選手の打球をレフトのアレックス・ラミレス選手が前進、また前進して捕球。二塁塁審のジャッジは「ダイレクトキャッチ」でアウトでした。

「ヒットじゃないかよ！」。怒った佐伯選手は、神宮球場のレフト側の通路から、一度グラウンドをあとにしてしまいました。森監督が三塁側ダグアウトから出てきて言いました。

「ボールを見せろ。人工芝の緑色が付いているじゃないか」

「いつ付いた色かはっきりしません」

試合は28分中断。審判員のクルーにおける責任審判の私は言いました。

「監督、もう『捕った、捕らない』と、お互いの水かけ論です。お客さんをこれ以上待たせるわけにいきません。これ以上抗議を続けるのでしたら退場になりますよ」

（編集部注／「遅延行為」の理由による退場処分における現在の目安は5分間）

「退場にできるものならしてみなさいよ」

そう言って、森監督は選手をダグアウトに引き揚げさせたのです。結局、退場処分の理由は「審判員への侮辱行為」になりました。

森さんは現役選手、コーチ、監督を通じ、プロ野球ユニフォーム生活35年目にして初めての退場だったそうです。以来、会うたびにいつも言われます。

「アンタが俺を初めて退場にしたヤツやな」

「ああ、そうでしたか。光栄でございます（苦笑）」

46

プロ野球界の「元旦」で禁断の宣告

04年4月2日の開幕戦、巨人－阪神戦（東京ドーム）。あの「打撃の神様」川上哲治氏（元巨人）がユニフォーム姿で始球式のマウンドにのぼったのです。当時84歳でした（13年没、享年93歳）。

この年から巨人は原辰徳監督に代わり堀内恒夫監督、阪神は星野仙一監督に代わり岡田彰布監督が就任。開幕投手は巨人が前年16勝の上原浩治投手、阪神が前年20勝の井川慶投手の両エース。いやがおうでも緊張感が高まる中で、試合は進行しました。

巨人の3対2で迎えた7回表、マイク・キンケード選手（阪神）が、球審の私の「ストライク・スリー（三振）」のコールに対して、面と向かって「×××」と言ったのです。私は「審判員への暴言」を理由に、退場処分にしました。

シーズン最初の試合である開幕戦は、言わばプロ野球界における「元旦」です。いつもはヨレヨレのジーンズ（失礼……）で取材するプロ野球記者が、ペナントレース開幕戦（と日本シリーズ）だけはスーツとネクタイを着用して見違えるようです。

　厳粛な雰囲気の中で、できれば揉め事を起こしたくありません。その一方で、03年にセ・リーグ審判部長に就任した私は、何かあったら毅然とした態度で臨まなければ、他の審判員に示しがつかないという熱い気持ちもありました。セ・リーグ開幕戦での退場劇は初のことだったのです。

　それだけに、セ・リーグ事務所に提出する「報告書」は、所定のＡ４用紙の各項目にビッシリと詳細に書き込みました。何月何日、どの球場、対戦カード、試合結果、状況説明。退場させた選手が攻撃的な態度を取ったか、いかなる理由（先述７つのうちから）において退場をさせたのか。さらに対応した審判員はどのように感じたのか、責任審判の所感ｅｔｃ．。

　このように退場処分があったとき、当該球団（この場合、阪神）から「質問書」「申請書」「要望書」「抗議文」等がセ・リーグ事務所に届きます。審判員の報告書をもとにセ・リーグ事務所が対応するというわけです。

47

史上最多14度退場のタフィ・ローズ

04年6月4日のヤクルト－巨人戦（神宮球場）、球審を務めていた私は、タフィ・ローズ選手（当時・巨人）を「審判員への暴言」を理由に退場処分にしました。「ストライク！」のコールに対して、「くそったれ！」という言葉を英語で発したのです。

ローズ選手はパ・リーグ11度、セ・リーグ3度、日本プロ野球史上最多14度の退場処分を受けています。審判員が選手を退場処分にすると、先述のように当該球団から「質問書」等が届くものです。ただローズ選手の場合、球団サイドも「またか、仕方ないな、すみませんね」という反応でした。クレーマー的なレッテルが貼られていたと感じました。

とはいえ、ローズ選手は03年近鉄で本塁打王、この04年も巨人で本塁打王。リーグをまたいでの本塁打王は落合博満選手（ロッテ、中日）、山﨑武司選手（中日、楽天）の史上３人しか存在しません。

しかも、この04年の巨人打線はすさまじかったです。１番（二）仁志敏久28本、２番（左）清水隆行16本、３番（中）ローズ45本、４番（右）高橋由伸30本、５番（三）小久保裕紀41本、６番（一）ロベルト・ペタジーニ29本、７番（捕）阿部慎之助33本、８番（遊）二岡智宏９本。控えには清原和博12本、江藤智４本……。チーム本塁打２５９本はプロ野球記録でした。

谷繁元信捕手（当時・中日）が分析していました。

「バットを少し寝かせて揺らせながら構えるローズのストロングポイントは、ベルトより少し高目。その高さにはバットがいい感じで出る『ホームランゾーン』。そこからもう少し高くなると『空振りゾーン』だった」

48

〝常連〟ブラウン監督の楽しみなパフォーマンス

「今回はベースを引っこ抜いて投げるのかな、スパイクを脱ぐのかな」

審判員の立場で不謹慎ですが、マーティ・ブラウン監督（広島ほか）に関しては内心、抗議されるのが面白くて、私にとって数少なかった広島遠征が楽しみで仕方ありませんでした。

ブラウン監督は現役時代の92年〜94年に広島に在籍し、特に93年は１２０試合１１８安打、打率・２７６、27本塁打83打点と活躍したのを私もよく覚えています。

広島時代のブラウン監督の退場８度の理由は「審判員への暴言」５度、「審判員への侮辱行為」１度、「遅延行為」２度。しかも、８度中６度が本拠地・広島。つまり〝計算ずく〟だったと思っています。

「どうせ退場になるのなら、お客さんを楽しませよう！」

ブラウン監督はプロスポーツとしてのショーマンシップを心得ていました。立派なエンターテイナーです。

ストップウオッチを片手にダグアウトを飛び出してきたのが何度かあったのも、「遅延行為による退場処分の目安の5分」を計るためだったのは想像に難くありません。

クルーチーフだった私が退場させたのは06年7月29日の横浜戦（広島市民球場）。

「Oh、通訳が入るから、2倍かかる。10分にしてくれないか」

「あなたの言うことは分からないでもないが……（頭いいなあ、笑）」

抗議パフォーマンスが面白くて思わず見入ってしまい、気づいたら17分が経過していました。他の審判員が「井野さん、そろそろ退場させないと……」。理由はもちろん「遅延行為」です。

せっかく観戦に来てくれているお客様を待たせる「遅延行為」があっても退場処分にしなかったら、今度は審判員の責任（セントラル野球連盟から「注意処分」「厳重注意」「罰金」など）になってしまうのです。後日、私は「あなたがルールの5分を守ってください」と口頭で「注意」を受けました。

さて、球団の通訳の伝え方も、審判員の心象に色濃く影響します。

審判員サイドも研修留学を通して、英語をある程度、理解できる人が増えてきました。

（外国人監督、外国人選手はそんなに厳しい言葉を使ってないよ。そんなふうに訳したら、そちらの不利になるだけなのに……）

正直、そう感じることもたびたびあります。

ブラウン監督はどこかのマスコミのインタビューにこう話していました。

「審判員に抗議する選手を守るため、私が代わりに抗議して退場になればいい」

広島監督４年間（06年５位、07年５位、08年４位、09年５位）で８度退場、その試合の戦績は７勝１敗。微妙な判定に端を発する抗議ですが、もちろんチームの士気を鼓舞する意図も含まれていたのでしょう。

広島球団もさるもので「ベース投げＴシャツ」をグッズとして販売したり、「ベース投げコンテスト」を開催していたそうです。楽天監督時代の10年（6位）は、退場4度で2勝2敗でした。退場計12度は、タフィ・ローズ選手（近鉄ほか）14度に次ぐものです。

かつて「瞬間湯沸かし器」を自称していた近藤貞雄監督（中日、横浜大洋ほか）は、「日本のビリー・マーチン（ヤンキースほか監督）」の異名もありました。特に柏木敏夫審判員（31年生まれ、審判員歴通算31年、３０４４試合出場）に対して、両腕を体の後ろ側で組んで、胸をぶつけて抗議しました。柏木審判員も近藤監督を退場させたことがあります。「抗議、退場」の2人の仲は、有名でした。

しかし実際は、柏木審判員は近藤監督を尊敬していましたし、日本ハム監督に就任した近藤監督に「お前もパ・リーグに来て一緒に盛り上げないか」と誘われたそうです。

私も自分が若いころならブラウン監督のパフォーマンスに対して「何をやっているんだ！」と態度を硬化させたでしょう。しかし、当時の私は審判員30年のキャリアを重ねて多少なりとも余裕が生まれていましたので、ブラウン監督のパフォーマンスに〝対応〟できたというわけです。

49

2000試合出場記念の古田兼任監督を容赦なく(?)

私は07年4月19日のヤクルト－横浜戦（神宮球場）で、古田敦也プレーイングマネージャーを退場させました。

横浜11対0のリードで迎えた7回表二死一塁、石川雄洋選手が二塁盗塁をしたのです。これだけの大差の場合、「暗黙の了解」「不文律」で普通、盗塁はしないものと考えられていました（Ｐ２０３参照）。

アメリカではUnwritten Rule（アンリトンルール＝書かれざるルール）として「大差がついたら盗塁をしてはいけない」など確固たるものがあります。メジャーではこれに反すると故意死球などの報復を受けても仕方がないとされます。ただ、日本では確固たるものがありません。

次の球、遠藤政隆投手（中日→ヤクルト）のストレート（135キロ）が3番・内川聖一選手の背中に当たる死球となりました。続く4番・村田修一選手に投じられたカーブ（114キロ）はスッポ抜けて落下してきて、前かがみになってよけようとした村田選手の頭に当たったのです。

中心打者に2者連続死球。グラウンドには両軍選手が飛び出し、騒然となりました。アグリーメント（同意事項）において、「スッポ抜けは頭に当たっても退場にはしない」という取り決めがありました。

思えば94年5月、西村龍次投手（ヤクルト）が村田真一選手（巨人）の頭部に当てたことに端を発して死球合戦が勃発したことから、「頭部死球は一発退場」となりました。しかし94年6月、佐々岡真司投手（広島）のスッポ抜けたカーブがヘンリー・コトー選手（巨人）の頭部に当たって退場。さすがにそれはないだろうということになったのです。

しかし、その状況判断は審判員にあります。スッポ抜けではありましたが、騒動の原因となったのは２者連続の与死球であり、球審は遠藤投手を「危険球」の理由で退場させました。今度は、この措置に古田捕手兼任監督（ヤクルト）が説明を求めてきたのです。

「なんで退場やねん。スッポ抜けやないけ。スピードガンを見てみい！」

「それは審判員の判断です。遠藤は退場です。もう少し冷静になって話しましょうよ」

「××××」

関西弁は時に厳しい印象も受けますが、古田プレーイングマネージャーに限らず、抗議がエキサイトして、思わず言葉が厳しくなるのは誰にでもあることです。

その試合、三塁塁審であり、審判員クルーの「責任審判」であった私は、「審判員への暴言」を理由として、退場処分としました。

試合が成立した5回裏終了時、古田プレーイングマネージャーは花束を贈呈されていました。「大卒→社会人」経由の選手では史上初の通算２０００試合出場という偉業達成の試合。4月の屋外球場、まだ寒い中で一方的な内容。なんともあと味のよくない試合となってしまいました。あとで思えば、1度目の死球後、「次の死球で退場となる警告」を出しておけばよかったかもしれません。

当時、古田プレーイングマネージャーの出場試合は激減していました（06年36試合、07年10試合）。記念すべき試合だけに、実績ある石井一久投手の先発の日に合わせて捕手として出場したのだと思います。しかし、その日の石井投手はこともあろうに大乱調で、初回満塁本塁打を含む1回6安打4四死球8失点で降板。

石川選手にしても高卒プロ3年目で、1軍定着のアピールに必死だったのでしょう。代走に出て、この盗塁がプロ初盗塁でした。しかも翌日の練習中に打球を顔面に当て、唇を20針縫う大ケガを負い長期離脱。この年は1盗塁に終わっていたのです。

ちなみに翌08年、「大差の試合での盗塁は記録として認めない」という旨のルール改正が行われました（公認野球規則9・07g【走者が盗塁を企てた場合、これに対して守備側チームがなんらの守備行為を示さず、無関心であるときは、その走者には盗塁を記録しないで、野手選択による進塁と記録する】)。

その後、古田プレーイングマネージャーに会ったときに伝えました。

「古田監督、通算２０００試合出場だったのに、悪かったね」

「いいっすよ」

まだ少し怒っていました（苦笑）。

「２０００試合も出ていますが、その中でワーストの試合になってしまいました」

古田プレーイングマネージャーは、苦笑しながらどこかのメディアにそんなコメントを出していました。

50 今をときめく**岡田監督**も退場させた

私は今をときめく岡田彰布監督（阪神）も退場させています。07年8月16日、阪神

―中日戦（京セラドーム）。阪神1対3で迎えた8回裏無死満塁の攻撃でした。

1番・鳥谷敬選手（阪神）のゴロを荒木雅博二塁手（中日）が処理して、井端弘和遊撃手（中日）が入った二塁に送球。私は「ヒズアウト！（He is out!）」のコールの瞬間、「ああ、失敗した……」と後悔しました。正直に言ってしまえば、明らかなミスの自覚があったのです。

9番投手の代打で四球出塁した藤原通選手（阪神）の足が思いのほか速かったのは、私の危機管理不足でした。とはいえ、いったんコールした以上、「判定を変更します」とは言えません。

ものすごい勢いでダグアウトを飛び出してきた岡田監督が、二塁塁審の私の体を突いたので、私は退場を宣告しました。これはアウト、セーフの真偽の問題ではなく、「審判員への暴行」を理由とした退場です。

このあとの落合博満監督（中日）は極めて冷静でした。ダグアウトからゆっくりと出て来て、髙橋聡文投手（中日）に「落ち着けよ」。それだけ言って戻って行きました。試合は問題のプレーのとき1点が入り2対3、そのまま阪神は敗れました。

この試合の一塁塁審は××審判員でした。私がミスを犯した試合のことで不謹慎ではありますが、鮮明に記憶に残っているのは、こんなエピソードがあるからです。

その試合、一塁でいろいろなクロスプレーがあって、××審判員も阪神応援団にけっこうヤジられていました。

「お～い××、今のはセーフやろ！」

いちいち反応していたらキリがないので××審判員は聞こえないふりを装っていました。

「××、チャック、社会の窓があいてるぞ！」

××審判員は思わず下を向いて確認してしまったのです。

「さっきから知らんぷりしやがって。しっかり聞こえてるじゃねえか！」

その試合の2か月前、07年6月8日の阪神－オリックス戦（甲子園＝セ・パ交流戦）の岡田監督の「審判員への暴行」退場は、現役時代も通じて初めてでした。この

「日本人監督の同一シーズンに複数回の退場処分」は、セ・リーグ初の出来事でした。当時は「竜虎の時代」と呼ばれ、03年から阪神と中日が交互に覇権を握っていました。それだけ緊迫した試合が続いていたということなのでしょう（07年は巨人が優勝）。

さかのぼること、05年9月7日の中日－阪神戦（ナゴヤドーム）、阪神3対1で迎えた9回裏の守り、本塁クロスプレーの微妙なタイミング。抗議した岡田監督を止めるために間に入った平田勝男ヘッドコーチ（阪神）が「審判員への暴行」を理由に退場処分になり、岡田監督は選手をダグアウトに引き揚げさせました。

18分の中断後、試合再開。阪神は同点に追いつかれ、一死満塁。そこで岡田監督が久保田智之投手（阪神）に叱咤激励した言葉は、05年阪神優勝のターニングポイントとして有名です。「メチャクチャやったれ！　負けてもオレが（責任）取ったる」

久保田投手は連続奪三振。延長11回表に中村豊選手が勝ち越し本塁打。試合後の落合監督は「監督で負けた。以上」と語りました。

阪神はここから一気に6連勝し、87勝54敗5分（勝率・617）、2位・中日に10

ゲーム差をつけ、2年ぶりの優勝を果たしたのです。それにしても「静の落合、動の岡田」と、セ・リーグを代表する対照的な2人の監督でした。

INNING

9

野球新時代の「ルールとリクエスト」

51
ルールブックにおける〝難しい〟文言

「デッドボール（死球）」は日本野球の造語であり当て字なので、本来は「ヒットバイピッチ」です。誰もが英語を結構使えるようになっているので、もうヒットバイピッチに統一していいでしょう。

それにしても「盗塁」は盗む。「刺殺」は刺し殺す。野球用語として一般的に使われていますが、普通に考えれば凄い単語です。犯罪だらけです（苦笑）。盗塁は、本来は立派なテクニックです。

他にも、「打者または走者の妨害」の項では、「三塁または一塁のベースコーチが、走者に触れるか、または支えるかして、走者の三塁または一塁への帰塁、あるいはそれらの離塁を、肉体的に援助したと審判員が認めた場合」（公認野球規則6・01a8）とあります。「肉体的援助」なんて、いやらしさが否めない文言でしょう（苦笑）。

規則委員会で「何かいい言葉に置き換えましょうよ」という流れになっています。

とはいえ、公認野球規則の文言を変えるのは結構な大改革なので、反対意見は当然ありますし、なかなか適切な言葉が見つからず、模索している最中です。

52

古くて新しい「ブロッキングベース」

時代の変遷に伴い、野球は進化し、ルールも少しずつ改善されていきます。

日本において「コリジョン（衝突）」のルールは16年から規定されました（公認野球規則6・01ｉ）。

本塁での衝突プレイについて、

（1）得点しようとしている走者が、走路をブロックしていない捕手または野手に接触しようとして、または避けられたにもかかわらず最初から接触をもくろんで、走路を外れることを禁じる

（2）ボールを保持していない捕手が、得点しようとしている走者の走路をブロックする行為を禁じる

これに反すれば、（1）の場合は走者アウト、（2）の場合は走者セーフです。昨23年8月18日の試合に端を発して、岡田彰布監督（阪神）の提案によって、本塁以外でも「ブロッキングベース」が適用されるようになりました。24年からは米メジャーリーグでも導入されることになったのです。

実は、これに似たことはもうかなり昔の時代からありました。70年代、大洋（現・ＤｅＮＡ）で大活躍した松原誠選手です。通算２０００安打を放ち、「タコ足」の異名を取った一塁守備の名手でした。

松原一塁手は投手の牽制時、ヘッドスライディングして手から帰塁する一塁走者に、自分のヒザを落としてブロックしたのです。本塁でのブロックが許されていたのですから、一塁でも同様のことを考えたのでしょう。ただし、足から帰塁する走者に対しては、捕手のようにレガースはつけていませんから、スパイクされるのでやりませんでした。

はじめのころ、審判員はアウトにしていましたが、次第に「いかがなものだろう」ということになりました。審判員の勉強会において、「それはオブストラクション（走塁妨害）だ」と。ただ、オブストラクションであれば、その一塁走者を二塁に進塁させなくてはなりません。

当時の規則委員に相談したところ、やはり「1つ塁を与えなさい」でした。ただ、そこまで一塁手に厳しく罰則を与える話ではないのです。

結局、「一塁走者はアウトではなく、セーフ。だが、1つの塁は与えない」という折衷案《せっちゅうあん》で、一件落着したのです。要するに、フェアプレーとして「走者の不利を取り除きます」ということなのです。これは「公認野球規則」に記載されていませんが、セ・リーグの「申し合わせ」事項、〝書かれざるルール〟（Unwritten Rule＝暗黙の了解）でした。

53

プロでも難しいインフィールドフライの処置

「インフィールドフライ」の処置はプロ野球審判員でも難しいものです。

91年の大洋－広島戦（横浜スタジアム）で、こんなことがありました。9回裏一死満塁、横浜大洋（現・ＤｅＮＡ）がサヨナラ勝ちの絶好のチャンスを迎えました。

審判団は、左胸に右手のひらを当て、「インフィールドフライの状況だぞ」と確認し合いました。次打者の打球は三塁手－捕手間にフラフラと上がりましたが、その日は強風だったため、球審は「インフィールドフライ・イフ・フェア（フェアの場合）」の宣告をしました。

打者走者が一塁に向かって走っていないことに着目した達川光男捕手（広島）は、機転をきかせ飛球をワンバウンドで捕り、本塁ベースを踏んだあと、一塁に送球したのです。

「やった、ゲッツーじゃ！　延長戦じゃ！」（達川選手）と思ったことでしょう。

三塁走者の山崎賢一選手（横浜大洋）は、「残念」といった面持ちで、惰性で本塁ベースを踏んだのです。

「セーフ！」

グラウンド上の選手はきつねにつままれたような思いでした。当然、山本浩二監督（広島）は三塁側ダグアウトから飛び出してきました。

ここで谷博球審は理路整然と説明したのです。

「インフィールドフライを宣告したので、打球がフェア地域でプレーされた時点で『打者はアウト』で二死満塁。打者がアウトになったので、強制的に押し出される『フォース』の状態ではなく、他の走者には進塁の義務がなくなりました。

つまり打球が飛球（フライアウト）であっても（守備側がノーバウンドで捕らなかった）ゴロであっても、守備側が前の塁に進もうとする走者をアウトにするには走者にタッグ（触球）しなければならないのです。達川捕手は一塁送球しましたが、すでに打者走者はアウトでしたし、一塁走者もベースから離塁していませんでしたので、二死のままです。よって三塁走者の生還が認められます」

インフィールドフライを宣告した状況で、飛球がフェア地域に落ちたり、野手が落球したりすると、意外と審判員も選手も気が動転してしまうものです。

「インフィールドフライ」が宣告されていない場合は、飛球がフェア地域に落ちても普通のゴロと同じで、その時点で打者走者はアウトではありませんので、当然「フォース」の状態で、守備側はベースを踏むだけでアウトになります。

そもそも「インフィールドフライ」の規定は、フォースの状況にあるとき、落球によるダブルプレーはアンフェアだという考えからきているものです。

この谷審判員の処置は、インフィールドフライにおける、プロ・アマ審判員の絶好の〝凡例〟になっています。谷審判員はこの91年の「ファインジャッジ賞」を受けています。

インフィールドフライ――、「0《ノー》アウトまたは1アウトで、走者が一・二塁、一・二・三塁にあるとき、打者が打った飛球（ライナーおよびバントを企てて飛球となったものを除く）で、内野手が普通の守備行為をすれば、捕球できるものをいう。（中略）また、打球がベースラインの近くに上がった場合には〝インフィールドフライ・イフ・フェア〟を宣告する」（公認野球規則定義40）。

54

リクエスト制度のさらなる発展

監督から、ジェスチャーで四角を描く「リクエスト」の要求があると、審判員は控え審判室でビデオによるリプレー検証を行います。

リクエスト制度が導入されたのは18年からで、適用第1号は18年巨人−阪神の開幕戦（東京ドーム）。巨人の長野久義選手のライトポール際の大飛球がファウルと判定され、高橋由伸監督がリクエストを要求しましたが、ジャッジは「そのまま」でした。

検証の組上に載せられるプレーは、以下のようなものがあります。

・本塁打のファウルかフェアか

・各塁上でのアウトかセーフか
・コリジョン（衝突、ブロック）
・危険球か否か

「リクエスト」によってジャッジは覆ることもありますが、それも含めて「審判員の判断に基づく裁定は最終のものである」（公認野球規則8・02a）のです。

審判員は自分自身のジャッジがトラブルに発展したときは、食事も喉を通りません。家族もつらい思いをします。制度導入は、審判員のプライド的にはやはり忍びないもの、耐え難いことがありました。

「リクエスト」に関して、審判部の会議で意見を求められたことがあります。当時、私は初代審判長を退き、審判技術委員長と規則委員を兼務していました。

「リクエストを怖がる必要はありませんよ。逆に、われわれプロ野球の審判員がどれだけ正しいジャッジをしているかのアピールになるではないですか。皆さんはそれだけの技量を持っているのですから、自信を持って正しいジャッジをくだせばいいのです」

一方、現在のこの「リクエスト」がある時代しか知らない若い審判員も出てきました。

「コーチに殴られるなんてことが本当にあったんですか」

「監督、コーチ、選手に取り囲まれたなんて、恐ろしい……」

もう「リクエスト」の功罪を議論する時代、次元ではないのでしょうね。サッカー界の「ビデオアシスタントレフェリー（ＶＡＲ）」とか、相撲界の「物言い」に伴うビデオ判定（69年から）とか、他スポーツ界ではごく普通に活用されています。

「正確なジャッジ」「時間短縮」の2つの目的において、機械の目を活用、ＡＩを導入できるところはしていけばいい時代だと思います。そういう面では、正しいジャッジで試合を進行できるのは、ありがたいことかもしれません。

ただ、そうであればＮＰＢ事務局も各球団もそれにふさわしい高性能化した判定機器をそろえるのが急務だと思うのです。リプレー検証は、控え審判室のカーテンを閉めて外部に見えないようにして行います。審判員がモニターで確認する映像は、観客が球場のオーロラビジョンで見る映像や、視聴者がテレビ画面で見る映像と99パーセント一緒です。しかし、それが14インチくらいのテレビモニターしかない球場もあるのです。

審判員が判断するより、それ以外の人のほうが先に事実を知っているなんておかしいと思いませんか。審判員だけがもっといろんな角度から精査する映像が必要なのです。テレビ中継がある試合の映像はまだましですが、地方遠征でテレビ中継がない試合は、球場の本当に限られた角度の映像しかないのが現状です。

「リクエスト制度導入は、もともと審判員のジャッジが不確かだからだろう。勝手なことを言うな」とおっしゃらないでください。状況は時代によって刻々と変化します。メジャーでは審判員に対する暴力は絶対ありません。日本で審判員のジャッジに不服で「暴力」が起こった歴史があるのなら、制度が定着したからには判定機器を充実させるのが、道理というものではないでしょうか。

55 研修→育成→ＮＰＢ１軍塁審まで最低10年？

セ・リーグ審判部とパ・リーグ審判部がＮＰＢ（Nippon Professional Baseball Organization）として統合されたのが10年で、実際に出身リーグ以外の試合をジャッジするようになったのは11年からです。それまではオープン戦、セ・パ交流戦（05年〜）、日本シリーズでしか、他リーグの試合をジャッジする機会はありませんでした。

それに伴い、セ・パ各リーグの審判部長も統合されて１人となり、「ＮＰＢ審判長」となりました。

「ＮＰＢアンパイア・スクール」は13年に設立されました。以来、毎年12月に埼玉・

浦和で1週間にわたり、定員約65名の講習会が開催されます。「高み」をめざすが、まだ海のものとも山のものとも分からない人材を育てていくことを目的としています。それまでは欠員が生じたときだけの採用でしたが、組織の形態はピラミッド型がベストで、競争を勝ち上がって登っていく。そうでなくても「ドラム缶型」がベターでしょう。

1軍の試合は6カード×「4人制（5人クルー）」＝30人。プラス「休養クルー」＝5人。2軍（23年イースタン・リーグ7チーム、ウエスタン・リーグ5チーム）の試合は5カード×「4人制（4人クルー）」＝20人。単純計算で計55人。24年現在、NPBの審判員総数は56人です。

先述した「NPBアンパイア・スクール」で選ばれた人材が、「研修審判員」として独立リーグである「ルートインBCリーグ」「四国アイランドリーグplus」に、2～3人ずつ派遣されます。

そこで1～2年勉強して、次のステップである「育成審判員」になれると、プロ野球2軍の試合をジャッジできるわけです。しかし、3年間のうちに「NPB審判員」契約を勝ち取らなくてはならないのです。もちろん優秀なら、研修審判員1年、育成審判員1年などの「飛び級」もありえます。

「2軍戦ジャッジ」と「1軍予備審判員」の昼夜兼行で約5年間鍛えられて、初めて1軍塁審を担当できるようになります。

さらに塁審を約2年間無難にこなして、やっと1軍の球審を担当できるようになるのです。「桃栗3年、柿8年」ではないですが、NPB1軍塁審まで10年前後を要して熟成するということですね。もちろん個人差はあります。そして個人事業主ですから1年契約であり、10年目くらいに適性の見直しはありますが、1軍に定着して順調なら、現在定年の58歳まで現役は可能です。

「スーパーバイザー」と「クルーチーフ」が年間を通して、審判の評価をします。その当時の評価項目は私が作りました。

「球審の項目」と「塁審の項目」のそれぞれが20項目あり、５点満点で合計１００点。審判員の職業倫理として、全員が限りなく１００点満点に近いのが理想です。ただ現実問題として、１軍のレギュラー審判員の座を勝ち取るにはシーズン80〜90点は取りましょうという目安です。もちろん球審、各塁塁審におけるジャッジの得手不得手を作らず、これもすべて高いレベルに持っていってもらいたいものです。

56

「超一流審判員」20人とは?

余談ですが、１軍のセ・リーグやパ・リーグと違って、２軍がイースタン・リーグとウエスタン・リーグの東西に分かれているのは、遠距離移動に伴う旅費出張費の削減も大きな理由です。だから2軍の遠征は４人でなく、３人になります。審判のフォーメーションの「３人制」を勉強させるのです。４人制になったときにゆとりを持って動く、ジャッジできる意図もあります。

私は「セ・リーグ関東」出身の審判員なので、1軍審判員に昇格しても東京ドーム（巨人）、神宮球場（ヤクルト）、横浜スタジアム（DeNA）でのジャッジが多く、遠征してもナゴヤドーム（中日）まで。甲子園球場（阪神）やマツダスタジアム（広島）でのジャッジは「セ・リーグ関西」があるので、少なかったです。しかし現在は偏ることなく、日本全国各球場に行くようになりました。

審判員は4人制プラス「控え審判員」の5人体制のクルーを組んで、各試合に臨みます。クルーチーフは、だいたいはベテランが務めます。配置は、球審→控え→三塁→二塁→一塁（→球審）のローテーションです。

序列が5番目のときには、大人しくしていますが（笑）、3番目くらいになると、「俺はプロ野球1軍の審判のレギュラーだ」とイキがる生意気な時代なのです。逆に、それくらいの自信と責任がなくてはダメです。

ナンバー2になると、多少苦労も分かっているから、奥ゆかしさも出てきます。一般社会と同じで、言わば中間管理職です。トップはやはり審判部の運営方法も分かっているし、各組織との折衝もあるので、大人の対応ができなくてはいけないわけです。

１クルー５人（４人制審判で、１人は控え）で、シーズン１４３試合制を６カード７クルー（１クルーは休養）のローテーションで回します。

つまり１４３試合×５分の４×７分の６＝約１００試合。クルーのレギュラー１～３番目の審判員はシーズン約１００試合出場、４番目の審判員が約80試合、５番目の審判員が約50～30試合です。

つまり、審判員は１００試合×30年＝「通算３０００試合出場が超一流審判員」の目安と言えるでしょう。現在のプロ野球史上、約20人が達成しています。

57 審判界にも女性進出

昨今は女性の社会進出がめざましいです。日本高等学校野球連盟は、24年４月13日

（土）、14日（日）に甲子園球場で開催された全国審判講習会への女性の審判員の参加を呼びかけました。各都道府県高野連にすでに登録されている女性審判員21人のうち、実際に公式戦の審判を務めた経験のある8人（北海道、岩手、栃木、埼玉、東京、神奈川2、佐賀）に参加案内を送付、今回はうち7人が参加したそうです。

アメリカでは今春、ジェン・ポーオルさん（47歳）が、メジャーのオープン戦で女性として17年ぶりに（三塁）塁審を務めました。昨年は3Ａリーグの審判も担当したそうです。メジャー公式戦での女性審判員は、過去いまだ例がありません。

サッカーでは山下良美さんが15年にＦＩＦＡ国際審判員に登録。21年Ｊリーグ史上初の女性主審、22年ＦＩＦＡ女子ワールドカップ史上初の女性主審のひとりに。23年女子Ｗ杯開幕戦は、山下さんら「日本人トリオ」が審判団を担当しました。

実は野球の「侍ジャパン女子代表」チームが、24年Ｗ杯で7連覇に挑戦することは日本でもあまり知られていないのが実情です。

最近では巨人や西武が女子チームを結成しての「ヴィーナスリーグ」参戦、「イチロー選抜VS高校野球女子選抜」の試合が話題を呼んでいます。

ただ、マスコミの方の見解は現実的でシビアです。こんな話を聞きました。

「男子と圧倒的に脚力が違うのは仕方ありません。ただ、外野手が前進守備を布《し》くので、〝センターゴロ（二塁フォースアウト）〟を見るとさすがにガッカリします。ならば、いっそのこと球場サイズを小さくしてスピード感を増し、本塁打が出るようにしたら迫力が出ますが、いかがでしょう」

「かつて〝美人すぎる女子野球選手〟が脚光を浴びました。しかし、最近は個人情報の厳格さやＳＮＳの発達によって、女子選手個人を取り上げるのは現実問題として難しいのです。女子野球の普及と発展に協力したいのですが、何かセールスポイントになるものを探さないと、観客動員は伸びません……」

年末にロッテ浦和球場で開催されるＮＰＢアンパイア・スクールですが、私が担当しているときは女性の希望者がいると、積極的に参加してもらいました。毎年１、２

人の女性受講生がいました。

男性のチームの中に女性のプロ野球選手が混じってプレーするという発想は、故・水島新司さんの野球漫画『野球狂の詩』の水原勇気投手くらいしかありませんでしたが、女性審判員はいてもいいと思うのです。もちろんジャッジの正確さやルールの知識が劣っていては論外ですが。

アメリカのルールブックの原文の最後のところに、「アウトはHe is out! と言うのが普通ですが、女性だけの大会のときにはShe is out! もＯＫですよ」という趣旨の記載があるのです。

現在は女子野球に関しては男性審判員がお手伝いしていますが、女子野球を女性審判員が裁く、試合進行していく時代がくれば素敵なことだと思います。

58

ピッチクロックの是非

「ピッチクロック」とは、文字通り「投球間隔の時間制限」のことです。メジャーリーグでは、昨23年に導入され、「走者なしで15秒、走者ありで20秒」です。それが今年から「走者なしで15秒、走者ありで18秒」と、さらに短縮されました。それを違反すると「1ボール」が加算されます。1球投球するか、牽制球を投げれば、秒数カウントはリセットされます。ただ、牽制球は3回目までに走者をアウトにできなければ「ボーク」となります。

一方、打者が構えなければ投手は投球動作に入れないので、投手の制限時間が残り8秒の時点で打者が投手に注意を向けていなければ、逆に「1ストライク」が加算されます。球審はもちろん投手からも打者からも見えるように、球場の4か所ぐらいに秒数カウントの機器が設置されています。

今年の3月20日、メジャーリーグにおけるドジャースとパドレスの開幕戦（韓国高尺スカイドーム）で、ピッチクロックが違反適用されたのはダルビッシュ有投手と松井裕樹投手（いずれもパドレス）です。先発したダルビッシュ投手は先頭打者ムーキー・ベッツ（ドジャース）に、4番手の松井投手も代わりばなの6回一死走者なしでジェームズ・アウトマン（ドジャース）にピッチクロック違反から四球を与えました。メジャーリーグも試合時間短縮に躍起になっています。やはり試合時間短縮には、投手の投球間隔を狭めることが一番効果的だと思います。

ただ、投球間隔が短くなることは、単純に投手のヒジなどの回復時間も短くなることに影響を及ぼします。昨年サイ・ヤング賞のゲリット・コール（ヤンキース）が右ヒジを痛め、昨年20勝のスペンサー・ストライダー（ブレーブス）も右ヒジじん帯損傷が発表されました。大谷翔平選手も昨年右ヒジを痛め、2度目の右ヒジ手術を余儀なくされています。

メジャーリーグで決まったルールに追随して翌年ＮＰＢで導入するのがこれまで慣例化していましたが、このピッチクロックに関してはＮＰＢでは見送られました。

日本では「投手の遅延行為」として「塁に走者がいないとき、投手はボールを受けた12秒以内に打者に投球しなければ、（中略）ボールを宣告する」とあります（公認野球規則5・07C）。ただし、ＮＰＢはアグリーメント（同意事項）によって、現在のところ「走者なしで15秒、走者ありは制限なし」なのです。

また「準備投球」として、「投手は各回のはじめに登板する際、あるいは他の投手を救援する際には、捕手を相手に準備投球をすることは許される」（公認野球規則5・07b）。プロでは以前は8球以下でしたが、現在は5球に改められています。しかし、近年は「継投」が細分化されて多くの投手が投げる分、試合時間が延びていると思います。

他方、社会人野球では23年から「スピードアップ特別規定」を定め、「走者なしのときは12秒、走者ありのときは20秒以内」の投球となりました。オーバーした場合、走者ありのときの1度目は警告、2度目でボール宣告（無走者時は即）です。

59

プロ野球試合の「適正」は3時間？

プロ野球では1回表裏を20分としても9回でちょうど3時間。昨年の平均試合時間はセ・リーグが3時間13分、パ・リーグが3時間12分です（いずれも延長戦を含む）。試合時間が最長だった04年のセ・リーグ3時間20分、パ・リーグ3時間29分からすればだいぶ短縮されました。ちなみに24年春のセンバツ甲子園決勝の高崎健康福祉大高崎高（群馬）と報徳学園高（兵庫）の対戦は、1時間45分でした。

24年のセ・リーグ開幕戦の巨人－阪神（東京ドーム）は、戸郷翔征投手と青柳晃洋投手が先発し、梶谷隆幸選手の2ランなどで、巨人が4対0の勝利。試合は2時間50分でした。読者の皆さんは試合時間が長いと感じましたか、それとも短いと感じましたか。

スポーツビジネス的に言えば、「試合と選手が商品」であり、「チケット収入」「テレビ放映権収入」「スポンサー収入」「グッズ・飲食収入」が4大収入だそうです。

現在のプロ野球は延長12回でも決着がつかない場合は引き分けです。高校野球で導入された「タイブレーク」を、プロ野球で導入してみてもいいのではないかと個人的には考えます。芳しくなければ、元の「12回引き分け」に戻せばいいだけの話です。

一方、経営者サイドの考えは対照的でしょう。試合時間が長いほど、球場の「グッズ・飲食収入」が増えます。また、地上波のテレビ放映において、攻守交代ごと17度の準備投球間に15秒のＣＭを何本か挟めるのは、スポンサー収入としてメリットがあるそうです。ただし試合時間がいたずらに長くなると視聴者が減少する。長すぎてもいけない。短すぎてもいけない。すべての立場の人にうまくいくのは、なかなか難しいものですね。

60

審判員のための「書かれざるルール」

野球界には「Unwritten Rule」（アンリトンルール＝書かれざるルール）というも

のが存在します。野球というスポーツは相手に敬意を表し、アンフェアな行為を行わないことが大前提にあります。言ってみれば「暗黙のエチケット」「暗黙のセオリー」集ですね。いい意味での申し合わせ事項であり、それは時代によって少しずつ変遷していくものです。

明文化されていませんでしたが、86年に『書かれざる野球のルールブック』（米ベースボール・ダイジェスト社）が出版されました。中にはこんなものがあります。

・ゲーム序盤で内野の前進守備はしない
・大量リードをしているときは、盗塁をしてはいけない
・犠牲バントをするときは、自分も生きようとするな
・一塁走者の後方を狙って打て

上記に挙げたものの1つ目に関連するのですが、ほかにもアメリカ野球では「1回表からスクイズはしない」というものがあります。何とかして点を取るために搾り出

すから「スクイズ（squeeze）」と表現するのであって、日本野球の作戦では1回表から普通にやりますが、アメリカの文化ではありえないわけです。

同様に、ビル・マクゴワンの審判学校において使用された教科書（49年）に、「審判の『べからず集』」があるので、紹介しましょう。

1　ボールから目を離すな
2　野球に絶対はない
3　早すぎるタイミングで判定を告げるな
4　自分の判定を説明するな
5　選手や監督と言い争うな
6　挑発的な態度は禁物だ
7　トラブルを招くな
8　にやけるな

9 選手にケンカを売るな

10 ファンに言い返すな

11 同僚の判定に口を出すな

12 根に持つな

13 コーチに判定させるな

14 投手がプレートを踏んだら絶対に目を離すな

15 グラウンド上ではおどけるな

16 早すぎるタイミングでプレイから目を離すな

17 注目を引き過ぎるな

18 防具は正しく付けろ

19 選手やコーチと雑談するな

20 余裕を持った立ち位置を確保しろ

21 動きながらの判定は禁物だ

22 守備妨害を宣告する際は速やかにしろ

23　不測の事態に慌てるな
24　アメリカの国民的スポーツに携わっていることを自覚しろ
25　自分を甘やかすな

審判員の基本です。審判員経験者は先輩方からアドバイスされたこともあるでしょうし、逆に審判員を経験してこそ理解、納得できることもあります。私も文面を読み直して、改めて実感、再認識することがあります。まさに、初心忘る「べからず」ですね。

あとがき

硬式ボールの赤い糸で結ばれていた(?)

プロ野球審判員の採用とアマチュア野球審判員の技術向上を目的として、毎年12月に行われる「ＮＰＢアンパイア・スクール」は、約10年前の２０１３年に正式に開校されました。その前身らしき催しは約40年前、１９８３年くらいから「神宮外苑審判協会」で開かれていました。

そこで未来のプロ野球審判員を夢見て腕を撫《ぶ》していたのが、当時大学生で現在ＮＰＢ審判長を務める森健次郎審判員（現・審判長＝64年生まれ、審判員歴通算37年、２５５４試合出場）、メジャーに挑戦した現スーパーバイザー・平林岳審判員（66年生まれ、審判員歴通算10年、３５７試合出場）、言わば、私の「門下生」たちでした。

プラス今回、制作に協力してくれた飯尾哲司氏が参加していたのです。

結局、飯尾氏はスポーツジャーナリストであるベースボール・マガジン社の記者となりました。奇遇にも私が、セ・リーグ審判員試験公募の記事を見つけた雑誌の出版社です。

飯尾氏は『週刊ベースボール』誌上において鈴木美嶺氏（公式記録員＝17年野球殿堂入り）を手伝い、「野球ルール講座」を担当しました。

そして取材の一環として、胸に秘めていたセ・リーグ審判員試験を受験。当然ながらルール試験をパス。実技試験の試験官を務めたのは福井宏審判員（38年生まれ、審判員歴通算33年、３３５９試合出場）でした。

「ジャッジもいいぞ。取材受験なのが惜しいくらいだ」

「お世辞にしても、ジャッジを2度もほめられました。本懐を遂げました」

飯尾氏が喜んでいたのが思い出深いです。

プロ野球記者の飯尾氏とは球場で幾度となく顔を合わせ、そして今回、私にお声掛けしてくれました。審判員に関する書籍はルールや記録が絡むため、制作するのが難しいと言われます。「審判員の本を制作する間に、プロ野球選手の本なら3冊は制作できる」そうです。〝審判マインド〟を持った飯尾氏との書籍出版は、きっと硬式ボールの赤い糸が紡《つむ》いでくれたに違いありません。

〈著者プロフィール〉

井野 修（いの・おさむ）

1954年、群馬県伊勢崎市生まれ。1976年、神奈川大学在籍中にセントラル・リーグ審判部へ入局し、2009年まで所属。2003年からセ・リーグ審判部長、両リーグ審判部が統合された2011年からNPB初代審判長（袖番号1）を務めた。2014年〜2022年、NPB審判技術委員長兼日本野球規則委員。通算審判員歴34年、ペナントレース2902試合出場。日本シリーズにも12度出場。『公認野球規則』の編纂、『審判メカニクスハンドブック』の監修、野球殿堂「特別表彰委員会」委員。2023年、四国アイランドリーグplus、ルートインBCリーグの審判部アドバイザーに就任。

プロ野球は、審判が9割
マスク越しに見た伝説の攻防

2024年7月20日　第1刷発行

著　者　井野 修
発行人　見城 徹
編集人　福島広司
編集者　宮崎貴明 鈴木恵美

発行所　株式会社 幻冬舎
〒151-0051 東京都渋谷区千駄ヶ谷4-9-7
電話　03(5411)6211(編集)
03(5411)6222(営業)
公式HP：https://www.gentosha.co.jp/
印刷・製本所　中央精版印刷株式会社

検印廃止

Printed in Japan
ISBN978-4-344-04315-2　C0095